本书是浙江省哲学社会科学重点研究基地一般项目（省规划）：

"复杂性科学视角下的融资结构价值创造机制与监管"

（编号：11JDGZ02YB）结题成果。

The Creation Mechanism of Financing Structure
Value and Government Regulation Based on
Complexity Science

杨忠智◎著

复杂性科学视角下的
融资结构价值创造机制
与政府监管

ZHEJIANG UNIVERSITY PRESS
浙江大学出版社

图书在版编目（CIP）数据

复杂性科学视角下的融资结构价值创造机制与政府监管 / 杨忠智著. —杭州：浙江大学出版社，2014.6
ISBN 978-7-308-13364-7

Ⅰ.①复… Ⅱ.①杨… Ⅲ.①上市公司－企业融资－研究－中国②上市公司－监管机制－研究－中国
Ⅳ.①F279.246

中国版本图书馆 CIP 数据核字（2014）第 121883 号

复杂性科学视角下的融资结构价值创造机制与政府监管

杨忠智　著

责任编辑	葛　娟
封面设计	续设计
出版发行	浙江大学出版社
	（杭州市天目山路 148 号　邮政编码 310007）
	（网址：http://www.zjupress.com）
排　　版	杭州中大图文设计有限公司
印　　刷	浙江省良渚印刷厂
开　　本	710mm×1000mm　1/16
印　　张	12
字　　数	201 千
版 印 次	2014 年 6 月第 1 版　2014 年 6 月第 1 次印刷
书　　号	ISBN 978-7-308-13364-7
定　　价	38.00 元

浙江大学出版社发行部联系方式：0571－88925591；http://zjdxcbs.tmall.com

前　言

　　随着世界经济环境的日趋复杂和多变,企业财务管理的地位愈发重要,人们愈发重视企业各项财务活动同企业价值的关系。企业融资结构是企业财务管理的一个核心内容,企业环境的复杂化与多变性使企业融资结构演化面临的挑战越来越严峻,这促使我们必须要更加全面、深入地理解企业融资结构问题。

　　在改革初期,我国企业的融资方式比较单一,基本是内源融资与债权融资,到了 20 世纪 90 年代中期,人们开始关注股权融资问题。上市公司是我国企业的主力军,截止到 2013 年年底,在我国深沪两市上市的公司已达到 2537 家。但实证研究发现,我国上市公司的融资行为与经典融资结构理论存在显著偏离,一般对外源股权融资有些过分依赖,而对内源融资和债权融资比较忽视。

　　我国资本市场形成与发展历史不长,对上市公司融资结构问题的研究也起步较晚,但随着证券市场的蓬勃发展,围绕融资结构的规范性研究与实证性研究都取得了丰硕的成果。针对我国上市公司融资行为与融资结构的研究涉及很多方面,例如:影响融资结构的主要因素、我国上市公司是否存在股权融资偏好、融资偏好的影响因素分析、股权分置下融资结构的研究、再融资行为分析等。但随着研究的深入,传统融资结构理论已难以全面有效地解释企业所面临的复杂融资结构现象,融资结构出现很多新的问题与挑战。

　　本书基于复杂性科学视角,在对传统融资结构理论分析梳理的基础上,结合现有的关于上市公司融资结构的研究,以及我国上市公司融资结构现状和政府对上市公司融资行为的监管分析,构建了融资结构、公司价值与政府监管(FCG)整合框架体系。

　　本书认为,融资结构是个复杂性系统,并基于复杂性科学理论提出了企业融资结构系统的概念,通过对企业融资结构系统进行复杂适应性分析,揭示了其复杂适应性特征。基于系统分析框架阐明了企业融资结构系统构成的内在逻辑关系,阐释了融资结构系统演化的价值属性。

　　本书重点考察了复杂环境下政府监管对融资结构作用的发挥进而对企业价值的影响,提出了企业融资结构系统与政府监管的协同演进框架,剖析了企业融资结构系统价值创造机制在政府监管约束下的演进过程。首次在复杂性科学视角下将融资结构、公司价值和政府监管有机地联系到一起,为我们理解经济管理环境的完善与发展对促进企业价值增长的微观作用机制提供了一个有益的视角。本研究侧重于我国上市公司来探讨内外部复杂环境的发展变化对公司融资结构的影响及对公司价值的传导作用。研究认为,公司在融资过程中,通过与利益相关者讨价还价的序贯博弈竞争过程,把公司财产权利在不同利益相关者之间重新分配,就会出现融资监管问题,博弈者或融资主体的行为也因此受到影响,从而影响公司的融资结构。公司融资结构的演化过程,既取决于公司价值的追求,也受制于政府监管等内外环境的影响。融资结构与政府监管在围绕公司价值创造方面通过协同演化能够趋于理想的契合点——最佳实践点,即公司最优融资结构。而这最佳实践点的探求必须基于对复杂环境的深刻认识。由于融资结构作用的发挥依赖于公司内外环境因素的协调,这意味着进一步完善公司治理结构、协调好融资结构与政府监管的关系,对于促进融资结构价值创造机制的形成、提高公司价值进而推动经济增长将具有重要意义。我们试图将融资结构、公司价值与政府监管纳入同一研究框架,期望更好地全面理解公司融资结构演进的复杂性,从而对公司融资结构决策和政府监管政策的制定提供理论支持和实践指引。

本研究具有三方面意义:(1)首次将复杂性科学引入融资结构问题研究中,丰富了融资结构研究的理论基础,拓宽了融资结构问题研究的视野;(2)融合了目前主流的融资结构理论,综合考虑了影响融资结构演化的各项因素,结合实证分析,以更全面的视角剖析了公司融资行为和融资结构决策的价值创造机制形成过程;(3)重点分析了融资结构与政府监管的协同演化关系,构建了融资结构、公司价值与政府监管(FCG)整合框架体系,提出 FCG 三者根据复杂性环境进行适应性调整和整合的基本路径。

本书通过对国内外研究文献的梳理和典型案例分析,在国内外已有的研究成果基础上,力求借鉴中有选择,吸收中有创新,融理论于实践,寓实践于理论。但由于时间、精力、能力等主观因素以及一些客观因素(如数据收集所限、指标难以量化等)的限制,导致实证研究不够、应用性研究结论支持不足等,使得本书还存在许多局限和亟待改进之处。如何对融资结构、公司价值与政府监管等问题进行深入研究并形成完整的理论体系,还需理论界和实务界的携手努力。

杨忠智

2014 年 3 月于杭州下沙

目　　录

第一章 导论

第一节 研究背景与动机

　　企业发展是经济发展的推动力。在市场竞争愈发激烈的环境下,企业经历着由小到大、由弱到强的复杂发展历程,其经营战略、组织结构以及发展路径等都表现出高度的多样性和复杂性。探索复杂环境中企业演化的内在规律及其演化机制是近年来理论界和企业界共同关注的问题。随着世界经济环境的日趋复杂和多变,企业财务管理的地位愈发重要,人们愈发重视企业各项财务活动同企业价值的关系。企业融资结构是企业财务管理的一个核心内容,但随着研究的深入,传统融资结构理论已难以全面有效地解释企业所面临的复杂融资结构现象。

　　公司融资结构(又称资本结构)理论是公司财务管理理论的一个重要组成部分,是公司财务管理最古老和最重要的议题之一。公司融资结构理论主要研究公司不同的融资方式、融资结构及融资结构的影响因素,揭示公司选择最佳融资结构的一般性规律。公司融资结构理论涉及公司的财务目标、融资方式、融资成本和公司现金流等各个方面。公司的融资结构对公司价值的提升既是一个重要的问题,也是一个非常复杂的问题,迄今学术界关于融资结构的研究观点仍不尽一致。尽管基于国外成熟资本市场的大量相关理论和实证研究文献已经提供了众多国外公司融资结构的经验证据,但由于中国作为新兴资本市场,规模较大,发展速度较快,同时与西方国家的制度背景有很大的差距,因此,非常有必要在新的发展环境下,研究借鉴国外先进理论与经验教训,结合中国国情,为中国企业的融资结构演化提供必要的理论支持与实证数据。

公司融资结构是为确保公司价值最大化,在自身目标函数与相关约束条件下,公司融资决策所选择的融资构成。对于如何优化公司融资结构,学术界一直没有建立起一个与实践经验相吻合的理论框架模型,因而迄今仍被称为"融资结构之谜"。自从 Modigliani 和 Miller(1958)提出著名的 MM 定理以来,关于公司如何选择融资结构以及融资决策是否影响公司价值,学界一直在不断研究和探讨。迄今已形成的融资结构理论主要包括代理理论、信号传递理论、优序融资理论、权衡理论以及其他衍生的理论研究分支。但是,这些理论的实证结论经常相互矛盾,很难在同一微观模型的框架下加以检验和区别。

环境的急剧变动对公司融资结构演化提出了更严峻的挑战,这进一步要求我们必须更全面深入地理解公司融资结构问题。对公司融资结构问题进行整合和动态演化分析既是一个全新的视角,也是一个非常复杂的过程。我们尝试将融资结构、公司价值与政府监管纳入整合的研究框架,正是希望能更好地理解公司融资结构演进的复杂性,以期能对公司融资结构决策和政府监管政策的制定提供理论支持。本书尚有诸多局限和亟待改进之处,如实证研究不足、缺少较具体的应用性研究支持等。然而,这一研究仅仅是个理论开端,旨在引起广大研究者和实践者对此问题的关注。如何对融资结构、公司价值与政府监管等问题进行深入论证并形成完整的理论体系,还需学界共同付出艰苦的努力。

第二节　研究思路与框架

本书试图基于复杂性科学视角阐明公司融资结构系统构成的内在逻辑关系,阐释融资结构系统演化的价值属性,提出公司融资结构系统与政府监管的协同演进框架,剖析公司融资结构系统价值创造机制在政府监管约束下的演进过程;对公司融资结构系统的演进及价值创造机制的形成以及与政府监管之间的关系进行系统分析;围绕公司融资结构演化与政府监管间的关系协调提出政策性建议。本书在对传统融资结构理论和复杂性科学理论系统评述的基础上,对公司融资结构的研究进行了回顾和梳理,基于复杂性科学理论提出了公司融资结构系统的概念,通过对公司融资结构系统进行复杂适应性分析,揭示了其复杂适应性特征。本书将融资结构视为一个复杂适应性系统,借用复杂科学理论中自组织概念研究融资结构及影响因素之间共同演进的过程。研究认为,公司融资结构的演化过程,既取决于公司价值的追求,也受制于政府监管等内外环境的影响。但基于复杂性科学角度分析,融资结构的自组织过程将决定融资结构演进的命运。融资决策的复杂性依赖于其微观组织的自发行为,并根据群体学习主动更新并适应外界变化。政府作为系统组织,是企业融资结构演化的重要外部影响因素,虽然不能完全决定融资结构的最终结果,但对整个企业融资结构自组织过程会产生催化或抑制作用。

以复杂性科学为基础对公司融资结构问题进行整合和动态演化分析既是一个全新的视角,也是一个非常复杂的过程。虽然人们对公司融资结构的研究已经取得了丰富成果,但是运用复杂性科学的理论和方法对企业成长过程进行多角度、多层面的系统研究成果还不是很多;尤其是基于复杂性科学视角下对融资结构价值创造机制与政府监管协同关系还没有相应的研究。因此,将复杂性科学理论与方法应用于揭示融资结构价值创造与政府监管协同演化机制,不仅可以给我们提供一种新的视角,从而把融资结构价值创造机制与政府监管的理论研究引向深入,同时在探求促进完善融资结构价值创造机制与政府监管的有效途径方面也将给予更多启示。

本书的研究目标是基于复杂性科学视角探索公司融资结构作为复杂适应系统的边界及特性;探讨公司融资结构复杂系统的一般演化规律;进行公司融资结构系统演进过程中的价值创造机制研究;对公司融资结构、公司价值及政府监管的互动关系与演化路径进行研究。

本书主要沿着以下路径和问题展开分析:公司融资结构的影响因素在复杂多变的环境下具有的特征;融资结构的演化与公司价值的关系;政府监管对公司融资结构的影响及对公司价值的作用;融资结构、公司价值与政府监管如何协同演化等。本书研究基本框架如图 1-1 所示。

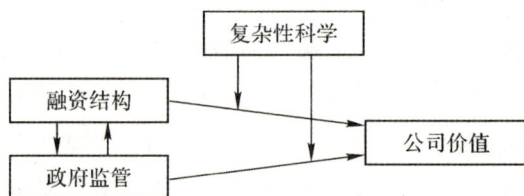

图 1-1　研究框架

本书的主要创新点如下：

(1)基于复杂性科学视角研究公司融资结构系统的演化特征。

(2)将融资结构与政府监管结合,研究融资结构价值创造机制设计问题。

(3)围绕公司价值创造目标,探讨在复杂环境下上市公司融资结构设计与政府监管协同演化的途径。

第二章 融资结构理论回顾与研究文献综述

第一节 融资结构理论回顾

　　1958 年美国经济学家莫迪格里尼和米勒(Modigliani & Miller)在《美国经济评论》上发表了《资本成本、公司财务和投资理论》的著名论文,成为现代融资结构理论的重要起点。Modigliani 和 Miller(1958)认为在没有破产和税收、资本自由流动、金融市场有效的前提下,公司价值与融资结构无关,这就是著名的 MM 定理。半个多世纪以来,融资结构问题一直是公司金融学和现代公司管理理论中的一个热点问题。公司融资结构与公司价值的关系是融资结构理论所研究的基本问题,西方管理学界围绕这一基本问题已展开全面深入的研究,尤其是 20 世纪 70 年代以来,诞生不同的理论以期对公司的融资行为进行阐述,很多学者对已有的融资结构理论进行了性质不同的归类。Myers(2003)将融资结构理论归纳为 4 类最具典型意义,分别为:(1)融资结构无关论(MM 理论);(2)权衡理论;(3)代理理论;(4)优序融资理论。融资结构的实证研究则分别从不同的时间段和方面为相应的理论提供一定证据。国内外有关融资结构的实证研究归纳起来主要围绕以下两个方面展开:一是融资结构与公司价值关系的研究;二是融资结构影响因素的研究(韩传模、孙青霞,2006)。

　　一些学者后来引进税收、破产风险和代理成本等因素,发展了税收差别论、破产成本论、代理成本论、权衡模型、优序融资论、财务契约论和信号论等融资结构理论。巴克莱和史密斯(1995)、利兰德(1994,1998)以及利兰德和托夫特(1997)又将负债期限因素考虑进来,认为最优融资结构包括最优期限和负债数量两个方面,从而在动态方面推进了对最优融资结构的研究。

伴随着信息经济学、代理理论、博弈论等现代理论工具引入融资结构分析,融资结构理论研究获得长足进展,产生一系列解释融资结构问题的新观点,形成很多新的流派。融资结构理论中,除了传统的 MM 定理外,代理理论、信号传递理论、优序融资理论、权衡理论等最具代表性。

一、MM 定理——融资结构的经典理论

MM 定理基于以下假设证明了融资结构与公司价值无关的结论:(1)没有税收。(2)不存在破产成本。(3)公司的投资决策不受其变化的影响。(4)公司内部人员与外部投资者之间不存在信息不对称。(5)资本市场没有交易成本和交易限制。(6)投资者可以按照公司同样的条件进行借贷。(1)至(4)假设说明公司融资结构的变化不会改变公司产生的自由现金流量,(5)和(6)假设说明投资者可以无成本地实施公司杠杆策略。

MM 定理的证明思路是无风险套利。基于现代资产定价思想,若金融市场不存在套利机会,则资产定价是线性的。由于公司价值等于股权价值与债务价值之和,而股权价值和债务价值分别等于股权现金流与债务现金流的价值,因此,公司价值等于公司资本现金流的价值。资本现金流只与公司的投资有关,与公司融资结构无关。只要融资结构的变化不改变公司资本现金流,则公司价值就与融资结构无关。

MM 定理的最大贡献在于,如果想解释公司融资结构的演化规律,就必须考虑市场的非完美性(经济摩擦力),市场的非完美性是影响公司融资结构选择的根本因素。MM 定理试图从公司融资结构的表面去分析其内部的运行机制,从而找出公司融资结构与公司价值之间的关系。MM 定理的出现是公司融资结构理论的一次里程碑式的飞跃,标志着公司融资结构理论研究从传统观点向现代观点的过渡,从对融资结构的投资政策、融资政策与股利政策的传统规范性研究转向可选择的投资政策、融资政策和股利政策对公司价值有何影响的实证研究,其方法论上的创新为以后的期权定价、股票市场的有限最优以及公共财政和宏观经济学的应用奠定了基础(Bhattacharya,1988)。

由于 MM 定理没有涉及企业内部的各种影响因素,主要基于资本市场角度进行研究,因而对于现实中很多融资方式和融资行为无法给出合理的解释。专家学者针对 MM 定理的假设开始研究,半个世纪以来,形成了融资结构的四大经典理论:代理理论、信号传递理论、优序融资理论、权衡理论,并基于这些基础理论衍生出若干分支。

二、代理理论

MM 定理对融资结构和企业价值关系的分析是基于严格假设基础之上的,没有考虑激励因素对公司融资及实现公司价值最大化目标的影响。Jensen 和 Meckling 发现并试图填补这个缺陷。

经济学家迈克尔·詹森和威廉·麦克林(Michael C. Jensen & William Meckling,1976)是代理成本理论的创始人,他们在论文《企业理论:管理者行为、代理成本和融资结构》中指出,公司价值的变化取决于经营管理人员的行为,特别是其"额外津贴"消费。因为这种消费带来的效用完全归属于经营管理者,而成本却由股东承担,所以会降低公司的价值。基于此,Jensen 和 Meckling 认为,不同融资方式下的代理成本并不相同。当公司债权融资由小变大时,即当经营管理者拥有公司的股权从大变小时,"额外津贴"消费就会由小变大。此时,经营管理者因债权融资增加而可能从事高风险的投资。因为经营管理者拥有公司的大量股权,如果投资成功,经营管理者将成为最大受益者;但如果投资失败,风险将转嫁给债权人。Jensen 和 Meckling(1976)认为代理成本是在各利益冲突的代理人之间建立、监督和组合一系列契约关系的成本以及契约实施的成本超过收益而造成的产值损失。具体包括:(1)委托人的监督支出;(2)代理人的保证支出;(3)剩余损失。代理成本(Agency Cost)概念是企业契约理论(as a nexus of contracts)的基石。Jensen 和 Meckling(1976)认为有两大类与代理问题相关的利益冲突:一是股东和管理者之间的冲突。过度投资是其具体表现形式。[①] 二是股东和债

---

① 根据过度投资假设,经理们具有使其公司成长超过最优规模和接受净现值为负数项目的激励。Jensen(1986)认为当公司具有较多的自由现金流量和较少投资机会时,过度投资问题更加加剧。

权人之间的冲突。具体表现形式是资产替代效应和投资不足问题。①
Jensen 和 Meckling 把由于管理者与股东利益冲突而导致的代理成本定义为
"外部股票代理成本",把债权人与股东利益冲突以及与债权相伴随的破产
成本等定义为"债权代理成本",他们认为,伴随着股权—债务比率的变动,
由于代理成本的存在,使得公司要在股权融资与负债融资之间寻找平衡点,
当股权融资的代理成本与债务融资的代理成本相等时公司总资本成本达到
最小,此时融资结构是公司最优。

Jensen 和 Meckling 通过对公司各相关利益主体的委托代理关系和由此
产生的代理成本这一新视角来解释公司融资结构,为理解融资结构的激励
功能提供了一个理论基础,也是对融资结构理论做出的突出贡献。之后有
很多学者从利益冲突视角对公司融资结构进行设计,对债务融资的收益与
成本进行了分析。Myers 等(1977)认为与债务相关的代理成本导致存在最
优的债务期限结构,公司债务期限结构的选择能减缓源于资产替代效应和
投资不足问题的代理成本,短期债务能解决由于信息不对称和道德风险引
起的股东和债权人之间的利益冲突。Diamond(1989)针对股东和经理层之
间的利益冲突约束问题进行了研究,认为具有不同声誉的公司可能会选择
不同的融资渠道:声誉欠佳的企业一般只能依靠(内部)股权融资或高成本
的债务资金,而高声誉的公司则能够获得低成本的债务融资。Harris 和
Raviv(1990)假设公司经理在拥有控制权的前提下即使运营不善也不会主动
清算(存在控制权私人收益)的行为驱动下,债务的存在将增加公司的破产
概率,控制权转移(即公司清算)的可能性增大,经理层的机会主义行为将被
抑制,而所有者的价值被提高。但由于债权人必须付出一定的调查成本以
判别资产是否被误用,因此,Harris 和 Raviv 认为,"最优融资结构"就是所有
者在"清偿权利"与"调查成本"之间权衡的结果。

Alan 与 Litzenberger(1973)认为,如果负债相对较高,管理层在没有约

---

① Jensen 和 Meckling(1976)指出,由于股东和债权人的利益冲突,债权人面临着道德风险和
逆向选择问题。当公司发行负债后,将其投资于风险更高的资产,从而从债权人那里谋取价值(财富
从债权人转移到股东手中),于是出现了资产替代效应问题。Myers(1977)指出公司的未来投资机会
就像期权一样,这些期权的价值取决于公司将最优执行它们的可能性。在公司融资结构中具有风险
性固定索取权时,来自承担盈利性投资项目的收益将在股东和债权人之间进行分割。在某些情况
中,债权人捕捉大量的收益以致使这个盈利项目不能为股东提供正常的回报。在这些情况中,股东
具有拒绝净现值为正的项目,Myers 称之为投资不足问题。

束的情况下会倾向于以损害债权人的利益为手段为股东谋利,由于对风险管理不力会增加公司破产或出现财务危机的概率,使公司破产成本或财务危机成本增加。因此,Myers(1977)认为债权人会要求以含有保护性条款的契约来保护自己的利益,这种契约有时会阻碍或约束公司的经营活动,导致代理成本。Jensen(1986)认为,利息带来的现金流压力也会促使经理人积极工作和谨慎决策,从而降低代理成本,提高公司绩效。Williams(1987)认为较高的负债可能会通过破产清算威胁导致经理人个人利益受到损失。Harris 与 Raviv(1990)和 Stulz(1990)认为,负债与公司价值这两个外生变量会随着内生要素的变化而同方向变动,负债的增加(减少)会伴随股票价格的增加(减少),所以,负债与公司价值正相关。Jianjun Miao(2005)认为,技术、生产率等外生变量的异质性在决定公司负债时有重要的作用,越有效的公司拥有的代理成本越低,越不容易退出市场。

按照代理理论的基本观点,由于公司融资渠道的不同必然会导致经理人与股东和债权人间的代理冲突。选择合理的融资方式及融资结构有助于减少代理成本,从而提高公司价值。而公司价值的不同也会引起不同的融资偏好:一是负债增加可以对经理人起到约束或激励效果,减少股东权益的代理成本,增加公司价值。一是增加负债可能会导致债权人和股东之间的利益冲突,增加债权人权益代理成本。因此,公司融资结构取决于股权与债权代理成本的平衡。

三、信号传递理论

在 20 世纪 70 年代,源于经济学发展起来的信息传递理论很快就被用于公司融资结构问题的研究。信号传递理论研究的是在信息不对称条件下,公司通过选择什么方式来向市场传递公司价值信息。Spence(1974)在《劳动市场信号传递》一文中提出了信号模型,并将其发展成为一般均衡模型。该理论的发展使得利用对信息不对称建模来研究融资结构问题成为可能。该方面的研究拓展了 Modigliani 和 Miller(1958)的公司内部人和外部人拥有相同信息的假设,通过引入企业收入流、新的投资机会等方面广泛存在的信息不对称因素,得出许多关于公司融资结构的新观点。美国经济学家 Ross

(1977)①针对 Jensen 和 Meckling 理论中没考虑激励手段来解决代理问题的缺陷,将非对称信息引进融资结构理论的研究。Ross 认为,经理人和投资人所掌握的公司信息是不对称的,经理人对公司的内部信息比投资者更清楚,融资结构的选择实际上向投资者传递了公司内部的信息,投资者通过这些信息可以间接地评价公司价值并做出相应决策。Ross 通过建立负债权益比这一"激励—信号"模型来分析公司融资结构问题,将经理人激励机制引入信号传递模型,创造性地提出融资结构信号传递理论。Ross 的主要观点是:(1)负债是公司高质量利用负债能力的信号,融资结构是公司传递私有信息的一个基本工具;(2)公司的负债水平主要取决于公司的价值和公司破产的概率,与公司价值呈正相关,而与破产惩罚呈负相关。Ross 认为,由于债务内含的强制偿付约束的存在,公司高负债意味着高破产的可能。Ross 认为拥有高质量项目的企业家可以通过高负债比例向外部融资者显示其项目质量,减少资金成本(或增加企业价值)。而拥有低质量项目的企业家因为对于任何负债规模,其预期边际破产成本比拥有高质量项目的企业家要高,所以一般不愿拥有很高的负债比例。信号传递理论明确了融资结构与公司价值有关,Ross(1977)的实证核心是证明公司价值与负债正相关,但遗憾的是在模型中没有考虑如何防止经营者向外输送错误信息的内在约束机制。

四、优序融资理论

Jensen 和 Meckling 虽然在所有者控制经理层问题上引入了信息不完全假设而有些偏离古典经济分析范式,但他们关于公司不同主体[经理层(或内部股东)、外部股东以及债权人]的行为分析基本保留了古典分析的"对称信息"假设,因此其对激励问题(代理成本)的分析没有把由不同主体之间信息不对称所导致的激励问题纳入分析范畴,使得该分析具有很大局限性。Leland 与 Pyle(1977)和 Ross(1977)等学者意识到这个问题,他们试图把融资结构的选择视做内部人向外部融资者发出的一种信号,借此来弱化由他

---

① Ross 模型的主要内容是:在非对称信息情况下,企业经理人知道企业收益的真实分布与投资风险,但投资人不知道。如果企业的证券被市场高估,则经理人会获利;但如果企业破产,经理人则要受惩罚。因此,低质量的公司不会比高质量的公司发行更多的债券。这样,投资者就会把高比例的债券水平看作是企业质量好的信号。

们之间信息不对称所导致的激励问题。其中，Myers(1984)、Majluf 与 Myers(1984)提出的"优序融资理论"(Pecking Order Theory)(也称啄食理论)对不对称信息下的融资结构最具有解释力。

Donaldson(1961)最先对融资次序进行了研究,他发现公司没有根据特定的融资结构进行融资,而是具有"先内部融资,再外部负债,最后是发行股票"的顺序融资偏好。Ross(1977)认为,投资者会把具有较高举债水平看成是一种较高经营质量的信号,并根据公司负债比例来评价公司预期的市场价值。Myers(1984)在 Ross 模型的基础上考察了非对称信息对融资结构的影响,基于信息不对称及信号传递假设提出了优序融资偏好理论,即公司融资的优选顺序是:内部融资、债务融资和股权融资。Myers 和 Majluf(1984)通过对美国 1965—1982 年的公司融资结构实证检验证实了这种融资顺序安排。优序融资理论认为:(1)公司所有权与经营权的分离会导致经营管理者和外部投资者之间的信息不对称;(2)经营管理者比外部投资者拥有更多的关于公司未来收益和投资风险的内部信息;(3)外部投资者只能根据公司经营者所传递出的信息来进行投资决策。如果公司经营者代表现有股东的利益,只有当股价被高估时经营者才会通过发行股票为新项目融资,这就会使外部投资者产生逆向选择心理,把公司发行新股当作一个坏消息,导致股权融资使股价下跌。如果公司被迫发行新股对项目进行融资,股价过低可能严重影响新项目的筹资效率,即使新项目净现值为正,也会被投资者拒绝。

Myers 和 Majluf 认为,在信息不对称的前提下,由于由内部人控制的留存收益、折旧等内源资金本身不存在激励问题,其资金成本要低于外源融资;而外源融资中的债务资金由于本息固定偿付的内在规定,只要公司运转正常,债权人就能得到足额回报,因而对公司的信息要求低于股东。Myers 和 Majluf 的理论核心是由 Akerlof(1970)提出的"柠檬问题"。"柠檬问题"产生的逆向选择效应相对股权融资而言要低得多,因而债务融资成本低于股权融资成本。由于资金成本的高低直接关系着公司价值,自然得出"优序融资理论"的基本内容:公司所需资金首先来源于内源资金;在内源资金不足时,外部债务融资将成为首要选择;由于外部股权融资成本过高,一般只是作为一种融资渠道的补充来源。Myers 和 Majluf 的主要贡献在于强调私人信息对融资结构的影响,同时也指出了 MM 定理的不足。但他们的理论同 Jensen 和 Meckling 的理论一样,存在共同的隐含假设:只有当经理人身处某种特定的激励计划中,融资行为才会对融资结构发生作用。但如果激励计划发生改变,融资结构对融资行为可能就没有影响。例如,当经理人是按公司市值总额的一定比例获取报酬时,经理人是不会在意新股是否折价发行的,因为新股发行对经理人个人的收入不会产生影响。此时,经理人可能更乐于扩张股本,而融资行为就与融资结构无关了。

围绕优序融资理论,大量基于信息不对称问题的理论研究与实证研究也为其发展与完善提供了有力的支持。例如,基于 Majluf 与 Myers 的观点,Narayanan(1988)、Heinkel 与 Zechner(1990)从新增投资融资视角得出与其类似的"优序融资理论"。Baskin(1989)从交易成本、个人所得税和控制权的角度对优序融资理论给予研究解释,指出由于留存收益提供的内部资金不必承担发行成本,也避免了个人所得税,因此内部资金要优于外部资金。与权益性资金相比较,负债融资由于具有节税效应,发行成本低,又不会稀释公司的控制权,所以对外融资来说负债融资又优于权益性融资。Baskin 认为优序融资理论不仅是对于税收和交易成本做出的理性反应,更是一种信号均衡(signaling equilibrium)。Baskin 同时指出权衡理论在解释公司行为时说服力不强的原因在于其忽略了不对称信息的作用。Fama 与 French(2005)验证了优序融资模型在公司财务赤字情况下对公司融资方式选择的预测性。

优序融资理论重点探讨了信息不对称对公司融资行为的影响,但由于其基于半强式有效市场和理性人的假设,因而忽略了市场条件及人的有限理性等其他重要因素对公司融资顺序的影响,也忽略了股东之间以及股东和经理人之间的代理问题。

五、权衡理论

修正后的 MM 理论考虑到了负债带来的税收利益,但没有考虑负债会带来的风险和额外费用这一现实情况。为了弥补这方面的缺陷,经济学家在 MM 理论的分析体系中引入负债的破产成本,认为公司最优融资结构就是在负债的税收利益和预期破产成本之间的权衡,谓之"权衡理论"。其代表人物包括罗比切克(Robichek,1967)、梅耶斯(Mayers,1984)、考斯(Kraus,1973)、鲁宾斯坦(Rubinmstein,1973)、斯科特(Scott,1976)。

权衡理论(trade-off theory)有狭义与广义之分(唐国正等,2006)。狭义权衡理论是指公司通过平衡债务税收优势与债务导致的财务危机的成本来实现股东价值最大化。在广义权衡理论中,与债务税盾价值相对的除了有财务危机的成本以外,通常还包括债务的代理成本等。广义权衡理论的代表人物是迪安吉罗(Diamond,1984)、梅耶斯(Mayers,1984)等,他们扩大了融资成本和利益所包括的内容,将负债的成本从破产成本进一步扩展到了代理成本、财务困境成本和非负债税收利益损失等方面,将税收利益从负债收益引申到非负债税收收益方面,把公司融资看成是在税收收益和各类负债成本之间的权衡。

狭义权衡理论认为,公司可以通过增加负债,利用税收庇护的作用来增加公司价值。但随着债务的增加,公司陷入财务困境的可能性也会增加,甚至可能导致破产。如果公司破产,必将会发生破产成本。即使不破产,只要存在破产的可能,或者只要公司陷入财务困境的可能性上升,就会给公司带来额外的成本,这是制约公司增加负债的一个重要因素。因此,公司在进行融资结构决策时,必须权衡负债的避税效应和破产成本。根据权衡理论,负债公司价值等于无负债公司价值加上节税利益,减去预期财务危机成本的现值。由于公司出现财务危机的概率与负债率正相关,因此财务危机成本亦与公司负债率正相关。税制的特点决定了债务的税盾价值是负债率的凸函数,因此存在最优负债率使得公司价值达到最大值。公司负债所引起的税盾价值与因公司负债上升所引起的公司风险成本和各项费用之和相等时的平衡点即为公司的最佳融资结构,此时的公司价值最大。

狭义的权衡理论具有很大的局限性,难以解释以下一些实证现象:(1)公司平均债务比例较低的现实。在美国的制度下,除非债务比例非常高,否则债务的税盾价值远远超过财务危机的成本(Graham,2000)。(2)根据权衡理论,最优债务比例与盈利能力正相关,而实证表明盈利能力强的公司往往具有相对较低的债务比例。(3)权衡理论难以解释某些国家和历史上公司的融资结构。有些国家由于实行"两税合一"的税制,或者由于免收资本利得税,或者由于公司所得税非常低甚至没有所得税,使得债务融资相对于股权融资不具有显著的税收优势。基于权衡理论,这些国家的公司将偏好股权融资。但现实中,融资结构的内点均衡现象却很普遍。(4)许多研究发现,提高杠杆(降低杠杆)的交易导致股价上涨(下跌),但是权衡理论难以给出合理解释。

广义权衡理论是利用风险债务定价的结构化模型来研究公司动态融资行为,拓展了狭义的权衡理论,可以解释许多狭义权衡理论难以解释的实证现象。20 世纪 90 年代以来,风险债务定价的结构化模型获得了快速发展,这为动态融资结构的研究提供了有力的技术支持。迄今为止,专家学者运用动态模型对杠杆比例调整成本、债务税盾,以及代理成本等问题的研究都取得了很好的成果。

广义权衡理论考虑到了公司具有未来增加债务的期权,因而债务税盾价值比 Fischer 等(1989)的研究结果显著提高,最优债务比例区间和估计的信用利差与现实数据更加吻合(Goldstein,Ju & Leland,2001)。即使不考虑杠杆比例的调整成本,由于个税导致内部融资相对于外部融资具有税收优势,股票发行成本和财务危机的成本也可以解释狭义平衡理论难以解释的一些重要现象,例如,杠杆比例与盈利能力负相关的横截面实证现象,财务政策的路径依赖现象等。

广义权衡理论取得的进展表明该领域具有很大的发展空间。

第二节　国内外相关研究与评价

一、国外相关研究与评价

到了 20 世纪 80 年代中后期,传统融资结构理论的发展出现颓势,取而代之的是一些新的研究视角。

(一)产品市场与融资结构的交互作用

自 20 世纪 80 年代中期至今,针对融资结构与产品市场的交互作用研究取得了大量成果。研究内容主要包括以下三个模型。

1. 有限责任模型

这类文献源于 Jensen 和 Meckling(1976)的有限责任激励股东实施高风险的战略思想。研究一般采用两期模型:公司在第一期做出融资结构选择,在第二期进行产品市场竞争。公司第一期选择债务融资是对第二期产品战略的承诺。产品市场竞争包括产量(Cournot)竞争和价格(Bertrand)竞争两种类型。

Brander 和 Lewis(1986)在探讨股东有限责任影响产品市场竞争策略的经典文献中建立了两阶段寡头垄断模型,说明在产品市场存在不确定性的条件下,由于股东的有限责任,公司可以利用债务融资来获得战略优势。许多文献拓展了 Brander 和 Lewis(1986)的工作。Brander 和 Lewis(1988)引入了破产成本,Maksimovic(1988)讨论多期寡头垄断重复博弈模型,Glazer(1994)考虑了公司债务的期限。与以上 3 篇文献探讨产量竞争不同,Showalter(1995)、Dasgupta 和 Titman(1998)探讨的是价格(Bertrand)竞争,Schuhmacher(2001)则探讨的是产量—价格竞争。Lyandres(2004)没有局限于具体竞争形式,而是一般性地讨论战略替代和战略互补。

2.捕食模型

在经济学中,捕食(predation)作为一种竞争战略是指公司通过降价销售产品来降低竞争对手的利润以迫使竞争对手退出市场。在 20 世纪七八十年代,经济学家对产品市场竞争中的捕食行为进行了广泛研究,相关文献大都外生地假设捕食对象受到财务限制。自 20 世纪 80 年代中期开始,很多经济学家和金融学家把公司的融资结构与产品市场的捕食行为结合起来研究两者的交互作用。在捕食模型中,债务融资的优势是税盾价值[例如 Dotan 和 Ravid(1985)和 Allen(2000)]或者激励作用(解决信息不对称问题或者缓解代理问题),劣势是提高了公司被竞争对手捕食的可能性。与有限责任模型不同,捕食模型的一个主要结论是低杠杆公司具有通过提高产量和/或降低价格进行竞争的动机。

Poitevin(1989)从金融市场信息不对称的角度用正式金融模型诠释了Telser(1966)的直观思想——"深袋"(deep-pocket)①理论。Poitevin(1989)的模型考虑面临潜在新进厂商威胁的垄断厂商,新进厂商与现有厂商需要为相同项目融资。存在两类潜在新进厂商——高成本进入者和低成本进入者,金融市场不能区分它们(信息不对称)。针对金融市场信息不对称问题,低成本新进厂商通常采用部分债务融资的方式为其进入筹集资金,以区别于高成本新进厂商的融资策略,这激励了现有厂商实施捕食战略。现有厂商为了实施捕食战略,一般为项目选择全股本融资以保证具有足够雄厚的财务资源(即深袋),其捕食行为提高了低成本新进厂商破产的概率。

---

① "深袋"是指公司具有充足的可以利用的财务资源,使得公司能够承担亏损而不至于破产。

Poitevin(1989)的主要贡献是用金融市场信息不对称解释新进厂商为什么选择一定比例的债务融资,解释产品市场的理性捕食行为。Gertner,Gibbons 和 Scharfstein(1988)以及 Poitevin(1990)把 Poitevin(1989)的观点拓展到金融市场和产品市场都存在信息不对称的情形。Maksimovic(1990)认为公司可以通过银行提供的贷款承诺创造出类似于"深袋"的财务优势。在财务合约不完全的假设下,Bolton 和 Scharfstein(1990)说明融资的代理问题可能导致产品市场的理性捕食行为,公司的财务限制是缓解代理成本的一种机制。

3.战略投资模型

以 Myers 和 Majluf(1984)建立的优序融资理论为基础,Kovenock 和 Phillips(1995)认为融资结构对投资具有战略影响。如果公司存在信息不对称问题或者代理成本问题,就会提高外部融资成本。假设外部融资比内部融资成本高,则增加债务意味着公司将来不会增加投资,此时公司对竞争对手的威胁较小,不会大幅增加产量,即公司增加债务可能导致公司产量和行业产量都下降。

虽然有证据表明融资决策会影响公司的产品定价和产量,但关于融资决策如何影响产品定价和产量的现有实证结果并没有达成一致意见。有些文献发现杠杆比例的上升削弱了公司在产品市场的侵略性,高杠杆公司的市场份额被财务杠杆相对保守的竞争对手夺取(Opler & Titman,1994;Phillips,1995;Chevalier,1995;Chevalier & Scharfstein,1996)。也有证据表明杠杆比例的上升会增加公司在产品市场的侵略性(Phillips,1995;Khanna 和 Tice,2000)。Kovenock & Phillips(1995,1997)检验公司杠杆比例的大幅上升是否影响自身和竞争对手工厂关闭决策和投资决策,结果说明重新资本化是一种能够影响自身与竞争对手投资行为的战略承诺,与Kovenock 和 Phillips(1995)提出的"债务的战略投资影响"理论相吻合。

上述研究的基本观点是:融资结构决策体现了公司对未来产品市场竞争状况的判断和竞争策略的承诺。公司对未来产品/要素市场的竞争状况和自身竞争策略的预期将影响其融资结构的选择;而公司当期融资结构的选择也会影响未来在产品市场上的竞争策略。对产品市场与公司融资结构交互作用的理论研究已经比较成熟,但是缺乏具有说服力的实证研究成果。

(二)市场时机选择理论

市场时机选择又称股市择时。"股市择时"(equity market timing)是指公司在股票价格高估时进行股权融资,低估时选择回购股票或进行债务融资。因此,"公司当前融资结构是公司过去融资市场时机的累积结果"。

因为优序融资理论和权衡理论的研究都是建立在半强式有效市场和理性人假设基础上的,所以对市场处于非有效状态下的上市公司融资行为还无法解释。因此,20世纪90年代有大量实证研究开始探讨与有效市场假说相背离的现象,例如市场对信息的反应不足和反应过度、羊群效应、时间效应等。通过对公司股权融资时的公司财务决策、长期绩效分析、公司经理人理性行为等方面的实证研究,验证了"市场时机选择"假说。

一些研究还发现,公司债务融资也存在时机选择行为。例如,Graham和Harvey(2001)研究发现,经理人在发行新债券时倾向于根据债券的期间价差(terms preads)来选择债券偿还日。

围绕股市择时现象的研究主要有两类理论模型。一类是理性模型,包括基于信息不对称的动态逆向选择模型(Carlson et al.,2005),以及假设经理与投资者关于投资存在意见分歧的动态模型(Faulkender,Milbourn & Thakor,2005;Dittmar & Thakor,2005);另一类是假设投资者非理性的行为金融模型(Baker & Wurgler,2000)。Stein(1996)假设股市不是有效市场,投资者可能系统地高估或者低估公司未来的现金流,而公司经理具有理性预期。投资者的预期偏差会导致市场(相对于基本面)高估或者低估股价。为了给长期股东创造价值,公司经理会在股价高估(低估)时发行(回购)股票。

市场时机选择研究了人的非理性行为和市场定价不准确对公司融资决策的影响,拓宽了传统融资理论的假设,有助于进一步解释新兴资本市场中上市公司的融资行为。

20世纪90年代中期以后,很多学者侧重通过研究IPO和SEO股票的长期业绩来研究股市择时问题。重点涉及两个问题。(1)联合检验问题。一些学者指出IPO和SEO股票收益率较低的原因可能是风险较低(Eckbo,Masulis & Norli,2000;Eckbo & Norli,2004)。(2)小样本偏差问题。Schultz(2003)指出,由于样本期较短致使可能存在小样本偏差问题——他称之为"伪市场择时"(pseudomarket timing)——公司针对过去股价变化而不是未来股价变化进行决策,并认为该问题可能导致低估股票表现。

Huang 和 Ritter(2005)在放弃"市场有效假设"的前提下,总结了市场存在机会时公司融资顺序的选择情况,见表 2-1 。

表 2-1   市场时机选择下的公司融资顺序选择情况

一般情况	外部权益成本低于债务成本	外部权益成本很低	债务成本很低	外部权益成本很低、债务成本也较低	债务成本很低、外部权益成本也较低
内部融资 债务融资 股权融资	内部融资 股权融资 债务融资	股权融资 内部融资 债务融资	债务融资 内部融资 股权融资	股权融资 债务融资 内部融资	债务融资 股权融资 内部融资

国外学者的研究对市场时机模式的存在性基本肯定,但对市场时机指标的选择、市场时机持久作用融资结构的论断及时间长短还存在较大分歧。同时,从市场时机理论的检验文献来看,绝大部分侧重于美国的上市公司,有关该理论在其他国家是否成立的研究则相当缺乏。

(三)控制权市场驱动的融资结构理论

在 20 世纪 80 年代,出现大量的敌意收购和许多公司为防御敌意收购进行杠杆化重组的收购浪潮,以此为背景,很多专家学者将融资结构与控制权交易联系起来进行研究。

Stulz(1988)、Harris 和 Raviv(1988)分别研究了控制权交易对公司融资结构的影响,但得出的结论基本一致:即通过影响股权在经理和外部人之间的分布,融资结构将影响收购竞争的结果。此外,Israel(1991)的基本思想是融资结构影响现金流在股东与债权人之间的分布,Israel(1992)进一步探讨了经理通过债务摄取控制权竞争对手的私有利益。

Stulz(1988)研究认为:若目标公司财务受到限制,其经理的目标是通过调整公司杠杆比例来实现股东价值最大化;收购方只能从外部投资者收购股票,且只有收购的股份不低于目标公司总股份的 50%时才能获得控制权;外部投资者对控制权竞争持消极态度,支持收购前的公司经理;不同投资者出售股份的保留价格不同;经理可以通过提高目标公司的杠杆比例来增加其持股比例;经理持股比例的上升会降低外部股东的持股比例,从而降低公司被收购的概率,同时提高收购的溢价;在一定的技术条件下,目标公司存在最优杠杆比例使得股东价值最大。

20世纪90年代以后,关于控制权驱动的融资结构理论没有取得重要进展。

(四)从动态角度研究公司的融资结构

Jalivand 和 Harris(1984)较早从动态角度研究了公司融资结构决策问题。他们分析了美国公司1966—1978年的财务决策,通过建立部分调整模型发现,公司基于长期财务目标不断调整其财务行为,而且公司规模、利率和股价等因素会影响调整的速度。他们的研究引起了学者们对动态融资结构调整领域的极大关注。

Fischer、Heinkel 和 Zechner(1989)基于 Kane、Marcus 和 McDonald(1984;1985)的研究,首先在理论上发展了动态融资结构模型,并正式强调了融资结构调整成本的重要性。他们的研究表明,只有当调整融资结构的收益(税收收益)大于调整成本(债务发行成本)时,公司才会进行趋近目标融资结构的调整。利用999家样本公司1977—1985年间的34个季度数据,以负债率区间(约8年时间内负债比率最大值与最小值的差异)作为融资结构动态调整的代理变量,他们发现,公司特征对负债率区间具有显著的影响,说明了公司特征影响融资结构动态调整,从而支持了融资结构动态调整是公司特征的函数这一理论预期。Rajbhandary(1997)以印度公司为样本,对融资结构的动态调整模型进行了估计,同样发现调整成本在公司融资结构决策方面具有重要作用。但是,可能由于动态模型构建和估计上的困难,在 Jalivand 和 Harris(1984)的开创性研究之后的十多年时间里,这一领域的研究进展不大。

近年来,伴随计量经济学在动态面板数据处理方面的技术不断发展与完善,对融资结构动态调整问题的研究文献逐步增多。最早利用动态调整模型和面板模型方法研究融资结构问题的是 Banerjee、Heshmati 和 Wihlborg(2000)。学者们利用不同国家的研究样本,对公司融资结构动态调整问题从多个方面展开深入的探讨。

从动态角度研究公司的融资结构实质上是权变思想的反映。财务权变理论认为公司的发展必须综合考虑公司外部环境变化和公司内部情况,把握市场节奏,通过对融资结构的优化调整来达到最优融资结构,从而持续增加公司的价值,实现公司的可持续发展。公司财务权变能力是一种核心能力,能够为公司带来竞争优势,进而确保公司的可持续发展。

（五）上市公司股权再融资理论

围绕上市公司股权再融资的研究侧重于以下三个方面。

1. 上市公司股权再融资方式比较

增发和配股的直接筹资成本对股权结构的分散化和市场流动性的影响不同，配股的直接成本远低于全额包销的增发，但按照市场价格向所有投资者增发新股已成为股权再融资的主要方式。国外对增发新股再融资理论的研究和实证分析表明，增发新股有利于保护中小投资者，其中包括监管理论、承销商公证理论、流通成本理论三种。这些研究从不同角度探讨了增发效应，认为增发会保护中小投资者的利益，也对为什么上市公司倾向于采用增发方式进行再融资的现象进行了解释。

2. 股权再融资公司的市场表现

市场的负反应说明股权再融资具有很高的间接成本，降低了公司的市场价值。市场信息的有效性、公司治理中的逆向选择和道德风险等理论可对此类反应进行解释（Beatty & Jay，1986）。

3. 股权再融资公告的负价格效应

目前，主要有三种负价格效应理论假设用来解释股权再融资公告：(1)融资结构变化假设。该假设认为配股和增发可能会导致两种结果：①由于股权融资会使公司的债务风险变小，从而把财富从股东手里转移到债权人手里；②财务杠杆的降低增加了资本成本，从而减少了公司价值，导致市场的负面反应。(2)价格压力假设。该假设认为公司股票的需求曲线是向下倾斜的，所以增加股票的供给使股价下跌。(3)负面信息假设（Asquith，David & Mullins，1986）。该假设认为公司的增发传递了公司经营的负面信息。

二、国内相关研究与评价

在改革初期，我国企业以内源融资（自由资金的积累）或债权融资为主，融资方式比较单一，直到 20 世纪 90 年代中期股权融资问题才逐渐得以关注，学术界对上市公司融资和融资结构的相关问题逐渐开始运用实证研究方法来分析。国内对我国上市公司的融资结构和融资行为的研究范围较广，例如：我国的上市公司是否存在目标融资结构、影响融资结构的主要因素、是否存在股权融资偏好、偏好股权融资的因素分析、股权分置制度下融资偏好、再融资行为分析，等等。虽然中国资本市场的历史较短，但随着证券市场的蓬勃发展,围绕融资结构的规范性研究与实证性研究都取得丰硕的成果。研究成果主要体现在以下几点。

1. 是否存在目标融资结构

企业是否存在目标融资结构是一个充满争议的问题。尽管有一些理论和实证结果不支持目标融资结构的存在,但是,更多的学者倾向于认为企业是存在最优或者目标融资结构的。郭鹏飞和孙培源(2003)研究得出中国上市公司存在最优资本结构,行业是其重要影响因素之一。陆正飞等(2003)对500家深交所的上市公司的问卷调查显示,88%的样本公司认为应该设定一个"合理"的目标融资结构。与此类似,李悦等(2007)对中国上市公司的问卷调查研究结果表明,约90%的公司有灵活或严格的目标负债率。然而,即使企业存在目标融资结构,由于企业的内外部环境以及自身的经营、财务状况是在不断地变化的,从而决定了企业的融资结构可能不断地偏离其最优融资结构;而且,企业的最优融资结构水平自身也是处于不断变化之中。在这样的情况下,公司的融资结构是否向目标融资结构调整? 如果调整,调整的速度如何? 哪些因素影响了融资结构的调整速度? 针对此类问题,许多学者进行了大量研究。例如姜付秀和黄继承(2011)以沪深证券市场1999—2008年A股上市公司为研究样本,从融资结构的调整速度和实际融资结构偏离目标融资结构的程度两个方面,考察市场化程度及其变化对融资结构动态调整的影响,研究结果表明:市场化程度越高,融资结构的调整速度越快,且从市场化进程的动态角度来看,市场化程度提高得越快,融资结构的调整速度也越快;同时,市场化程度越高,融资结构偏离目标融资结构的程度越低,而且从动态角度看,市场化程度提高得越快,融资结构偏离目标的程度也越低。

2. 关于融资结构的选择

国内关于融资结构选择的研究成果主要集中在四方面:(1)从静态角度考察上市公司融资结构与其决定因素之间的关系,如肖作平和吴世农(2002)、沈维涛和叶晓铭(2004)及童盼和陆正飞(2005)对融资结构与公司规模、成长性、盈利能力、非债务税盾、资产抵押价值及经济附加值等因素之间的关系进行了细致研究;胡元木(2011)针对信息不对称与债务融资期限之间的关系进行了研究。(2)在动态模型中分析融资结构与公司特征之间的关系,如郭鹏飞和孙培源(2003)、肖作平(2004)、王皓和赵俊(2004)、屈耀辉(2006)及王正位等(2007)发现上市公司存在目标融资结构,但融资结构的调整速度较慢且具有非对称性。(3)通过检验权衡理论和最优融资顺序理论,研究上市公司的融资决策,如陈晓和单鑫(1999)、黄少安和张岗(2001)及陆正飞和叶康涛(2004)均发现我国上市公司具有强烈的股权融资偏好;张军等(2005)认为上市公司的股权和债务都存在融资过度的倾向;吴联生和岳衡(2006)发现上市公司的融资结构选择符合权衡理论;而朱德新和朱洪亮(2007)则发现上市公司的融资决策遵循"内部融资—股票—负债"的次序,既不符合权衡理论,也不符合最优融资顺序理论。(4)在学科交叉的基础上,研究上市公司的融资结构选择,如才静涵和刘红忠(2006)发现上市公司存在市场择机行为;余明桂等(2006)发现管理者的心态影响其融资决策;刘志彪等(2003)、姜付秀和刘志彪(2005)及邓剑琴和朱武祥(2006)均发现融资结构与产品市场竞争强度之间呈正相关关系;屈耀辉等(2007)和姜付秀等(2008)发现产品市场竞争程度影响融资结构的调整速度;李青原等(2007)发现融资结构与企业资产专用性程度呈负相关关系,而与产品市场竞争则呈倒 U 形关系。

3.关于市场时机选择

国内文献中最早研究市场时机选择理论的是朱武祥(2002、2003),作者将市场时机选择理论归类到行为公司金融学,对西方市场时机选择理论作了较全面的介绍与研究。近年来,我国学者对市场时机理论的研究日趋增多,并结合中国股市的数据对市场时机理论进行了很多富有成效的研究工作。胡志强和卓琳玲(2008)的实证研究发现,我国股市明显存在市场时机选择行为,并且对上市公司的融资结构影响显著;李悦(2008)等通过问卷调查得出结论:中国市场经济体制和资本市场发展不完善等制度因素,是造成样本公司融资行为偏离公司财务理论的描述、存在一定特殊性的重要原因;刘端和陈收(2009)运用实证方法对上市公司的权益和负债双重融资决策研究发现,市场时机和目标债务比率对公司的融资数量具有混合作用。汤胜和陈伟烽(2012)研究认为,中国上市公司在进行股权再融资时存在着时机选择的行为,这种行为在短期内影响了公司,但对公司的长期发展没有持续的影响。汤胜和陈伟烽(2012)认为导致这种现象的原因在于中国证券市场尚未达到半强式有效市场,公司的股票价格经常偏离其实际价值,理性的上市公司管理者发现市场对公司股票价格存在"高估"时,会尽量把握市场机会进行股票融资,从而使这一选择影响到公司短期发展;但受到股权再融资监管政策限制以及公司经营业绩的影响,公司在股权融资后会较多地利用债务融资,表现在公司股权融资后的一段时间内公司的财务杠杆比例会有所回升。所以上市公司的股权再融资行为对公司的长期发展不会产生持续的影响。郭杰和张英博(2012)以沪深两市2000—2010年间首次公开发行的A股公司为样本,研究了IPO市场时机选择对融资结构的影响。研究结果表明:在现行的新股发行制度下,中国的IPO市场时机不但包括基于公司自主选择的时机,也包括基于政府发行管制的时机;市场时机对融资结构具有显著影响,但是这种影响主要来源于政府择时而不是公司择时;由于发行管制的存在,政府择时对公司杠杆率有长期显著影响,但公司择时并不能对杠杆率产生显著影响,Baker和Wurgler(2002)发现的公司择时与融资结构的显著负相关关系并不存在;因此,政府管制是造成我国实际状况与西方市场时机理论产生偏差的主要原因。

虽然公司发行股票是否择时以及为什么择时至今仍然存有很大争议,但市场择时理论开辟了融资结构研究的新领域,它为厘清市场与融资结构之间的相互联系提供了重要的研究思路。尤其是该理论对传统融资结构理论产生了很大冲击,得到了许多专家学者的重点关注。

4.对上市公司股权融资偏好及影响因素分析

我国专家学者研究结果普遍认为,我国上市公司在进行融资决策时,普遍优先选择股权融资方式筹集资金,偏好股权融资,这与国外上市公司的融资特点不同,也与西方的优序融资理论相悖。黄少安和张岗(2001)认为中国上市公司存在股权融资偏好的原因是公司股权融资的成本大大低于债务融资的成本所致,深层原因在于现行的制度和政策,强烈的股权融资偏好对公司融资后的资本使用效率、公司成长和公司治理、投资者利益保护以及宏观经济运行等方面都有不利影响。李康等(2003)认为由于国有股的控股地位,上市公司只是大股东的影子,大股东可以从股权融资中获利而偏好股权融资。李志文和宋衍蘅(2003)的研究结果表明,中国上市公司配股的真正原因除了成长需求以外,还可能是"圈钱",包括保留资金储备的"时机性圈钱"和回报个别利益集团的"无条件圈钱"。刘星和魏锋等(2004)在对Myers融资优序模型进行修正的基础上,采用大样本实证检验了我国沪深两市上市公司的融资情况,研究结果表明:上市公司融资顺序首选股权融资,其次选择债务融资,最后选择内部融资。在债务融资顺序中,上市公司更加偏好短期负债融资而非长期负债融资。刘力军(2005)通过对1992年度至2003年度我国上市公司融资偏好的实证研究验证表明:在目前的二元股权结构下,我国上市公司确实具有股权融资的偏好,其融资顺序表现为"股权融资—债务融资—内源融资"。通过多角度、多个方面的实证分析,我国学者普遍认为我国上市公司确实存在融资偏好问题,这为进一步分析奠定了基础。

对股权融资偏好影响因素的研究比较多。陆正飞和辛宇(1998)通过以1996年在上海证券交易所上市的35家机械及运输设备行业公司为样本研究认为:(1)不同行业的融资结构有显著差异;(2)企业的融资结构与获利能力显著负相关;(3)规模、资产担保价值和成长性等因素对企业融资结构没有明显的影响。但洪锡熙和沈艺锋(2000)以1995—1997年间在上海证券交易所上市的221家工业类企业为样本数据的研究结果与陆正飞和辛宇(1998)的结论相反,作者发现企业规模和盈利能力与企业负债比例存在正相关关系。吕长江和韩慧博(2001)发现行业特点是影响企业融资结构的因素之一,但同一行业内的企业不一定具有相似的融资结构;ST公司的负债率较高;在企业的债务资金来源中,短期债务占主要比重;对融资结构影响因素的回归分析表明:企业的获利能力、流动比率、固定资产比率与负债率负相关;公司规模、公司的成长性与负债率正相关。陆正飞和叶康涛(2004)研究表明,虽然我国上市公司的股权融资平均成本低于债权融资成本,但这并不能完全解释我国上市公司的股权融资偏好行为,同时还可能受到破产风险、负债能力约束、代理成本和公司控制权等因素的影响,企业资本规模和自由现金流越低,净资产收益率和控股股东持股比例越高,则公司越有可能选择股权融资方式。章卫东和王乔(2004)认为我国上市公司偏好股权再融资的根本原因是我国上市公司的特殊股权结构造成的,过度的股权融资导致社会资源配置不合理。吴江和阮彤(2004)研究发现,在中国特殊的市场环境和股权结构下,不仅上市公司的股权融资成本大大低于债权融资成本,而且股权融资行为可以为非流通股股东带来超额的融资回报,这种股权分置结构所形成的利益输送机制成为决定中国上市公司股权融资行为的主要因素。陈洁(2005)对我国的A股上市公司融资行为与融资结构进行实证性研究发现:A股上市公司具有强烈的股权融资偏好;企业负债融资中短期负债远远高于长期负债;对于制造业的混合样本研究表明,企业规模、盈利能力、企业成长性和担保价值对企业的资产负债率有重要影响。毛磊和葛静(2005)通过建立实证分析的理论模型,综合比较了各种因素对我国上市公司融资结构的影响,揭示了企业在股权融资和债权融资选择偏好上的不协调现象,同时也得出融资结构正在日趋合理的结论。虽然研究融资结构问题的方法越来越多,涉及的因素也越来越复杂,但是对于影响融资结构的因素还没有形成统一观点。

与上述研究观点相左,苏冬蔚等(2009)从宏观经济的角度,结合我国资本市场独特的制度环境,提出若干关于融资结构权衡理论、最优融资顺序理论和市场择机假说的新假设,然后运用面板数据分数响应和分位数回归两种新的非线性计量方法进行实证分析并发现:我国上市公司的融资结构呈显著的反经济周期变化,宏观经济上行时,公司的资产负债率下降;而宏观经济衰退时,公司的资产负债率则上升;信贷违约风险与资本结构呈显著的负相关关系;信贷配额及股市表现与资本结构之间关系不大。实证结果表明:宏观经济状况是影响公司融资结构的重要因素;融资结构选择符合最优融资顺序理论;上市公司没有单一的股权融资偏好或债务融资偏好。

5.股权分置下融资结构的研究

股权分置是指股东持有相同的股票却没有相同的权利,比如持有非流通股的股东不能像持有流通股的股东一样去交易股票。股权分置问题是在我国市场化改革之初由于政治和经济体制原因所造成的一种现象,反映出我国证券市场所特有的制度性缺陷。由于股权分置,一股独大的股权结构对公司治理及公司融资结构带来一系列影响,我国学者对此进行了很多研究。

冯根福、吴林江和刘世彦(2000)运用主成分分析和多元回归分析相结合的方法对融资结构形成的可能影响因素加以实证检验和分析,他们的研究结论认为,我国上市公司独特的股权结构是企业融资结构的重要影响因素之一,而法人股控股的公司则更偏好股权融资。

吴江和阮彤(2004)通过实证研究对中国上市公司股权融资偏好决定因素的验证结果表明,行业分布、产业竞争结构对上市公司融资行为的影响并不显著,而股权集中程度、股权流动性结构与上市公司融资行为表现出一定的相关性;从融资的成本与收益的角度分析了中国上市公司的融资行为特征,结果显示,在中国特殊的市场环境和股权结构下,不仅上市公司的股权融资成本大大低于债权融资成本,而且,股权融资行为可以为非流通股股东带来超额的融资回报;这种股权分置结构所形成的利益机制成为决定中国上市公司股权融资行为的主要因素。

柳松(2005)认为,在股权分置的制度交排下,我国上市公司偏好股权融资,这种偏好将对资本市场产生一系列负面影响,指出在不断扩张证券市场规模、发挥股票市场融资功能的同时,政府必须加强市场的市场化机制建设,通过制度创新和综合治理,使上市公司的融资行为逐步回归到相对理性状态。谭健和严太华(2005)拓展了优序融资理论的假设前提,提出企业的经营目标为原有股东与经理人两者的加权收益最大化,认为严重的内部人控制现象不仅导致了企业实际的经营目标偏向于经理人收益最大化,而且给经理人带来了较大的控制权收益,而上市公司经理人持股比例偏低又弱化了因信息非对称而造成的权益价值低估所带来的损失,这些正是导致我国上市公司普遍存在强烈的股权融资偏好行为的原因。

此外,一些专家学者也从其他不同的角度进行了研究,如晏艳阳和陈共荣(2001)从代理成本问题的角度来研究融资结构。胡援成(2002)对我国国有企业的实际负债能力进行了研究,并导出一定条件下较合理的负债率区间;吴晓求和应展宇(2003)对中国市场导向(民营)与行政导向(国有控股)两种激励机制与融资结构的关系进行了研究;张宗新等(2003)基于契约理论的视角来研究融资结构与公司治理结构的关系;等等。

三、融资结构研究的局限性

20世纪80年代之前,融资结构理论的发展总体上是理论推动型的,典型代表是将经济学中的不对称信息理论和代理理论应用到公司财务管理理论中。近20多年来,实证对推动融资结构理论的发展发挥了越来越重要的作用。虽然国内外学者对企业融资结构演化问题的研究内容已相当丰富,各理论特色非常显著,但是,企业作为微观经济复杂系统,其融资结构所表现出的复杂性、适应性等特征对传统融资结构理论研究仍然提出了许多挑战。

从研究内容上来说,至少在以下几方面的研究还缺少足够的重视。

1. MM定理的市场条件假设

自MM定理(1958)提出以来,围绕MM定理的现金流假设所进行的研究已经非常成熟,但对市场条件假设的研究还缺少深度及系统的研究。现有实证研究表明,市场条件对企业发展带来的重要影响说明其应该是公司融资结构的重要影响因素。由于市场监管、市场分割和不同市场定价的一致性、金融市场的竞争特性、经理与投资者的意见分歧等因素都可能通过影响市场条件来影响公司融资结构决策,所以研究市场条件对融资结构的影响是非常有益的。

2.制度安排与融资结构的关系

制度是影响公司融资结构的重要因素之一,现有的融资结构理论主要是基于美国的制度体系,包括公司法、税法、破产法,以及一些公司外部治理制度等。但由于不同国家的制度设计、金融市场和金融体系等存在本质上的差异,很难将现有的融资结构理论简单复制到别的国家,尤其是应用于发展中国家和转型经济。关于制度设计和金融体系对公司融资结构的影响也是很有探索空间的研究方向。

3.人力资本与融资结构的关系

迄今为止,关于公司财务金融的研究主要以货币资本为核心,对人力资本的作用不够重视。随着知识经济的到来,人力资本在公司的核心竞争力方面将会起主导作用。假如人力资本能够与货币资本分庭抗礼甚至超越货币资本——至少对部分公司来说这是可能的,那将是对包括融资结构理论在内的公司财务学的一场革命(Zingales,2000;Myers,2003)。

4.政府监管与融资结构的关系

随着经济的发展,公司内外环境因素日趋复杂,传统融资结构理论面临很多新的挑战。尤其是在我国经济转型时期,作为宏观经济环境重要组成内容的政府监管对公司发展的影响愈加突出,研究探讨如何协调公司融资结构与政府监管的关系,以及如何伴随经济的发展而协同演化也应是一个重要选择。我国学者已经对这方面进行了一些有益探讨。例如,唐国正和刘力(2005)研究了利率管制对我国上市公司的影响;王正位等(2011)研究了股票市场融资管制与公司最优的关系;张自力(2012)对政府管制特征下的中印公司债券市场进行了比较研究。但已有研究仅局限于某一角度,还缺少多角度深入具体的研究。

此外,目前对融资结构的研究偏重从公司角度的单边考察,很少从资本提供者角度考虑。而融资是公司与资本提供者之间的交易行为,需要至少满足双方的要求。因此,仅仅从公司角度考察融资行为是不完整的。

第三章　融资结构演化系统复杂性分析

　　融资有广义和狭义之分。从广义上讲,融资也叫金融,就是货币资金的融通,指当事人通过各种方式到金融市场上筹措或贷放资金的行为。从狭义上讲,融资是一个企业筹集资金的行为与过程,即公司根据自身的生产经营状况、资金拥有的状况,以及公司未来经营发展的需要,通过科学的预测和决策,采用一定的方式,从一定的渠道向公司的投资者和债权人筹集资金,组织资金的供应,以保证公司正常生产需要、经营管理活动需要的理财行为。本书所指融资主要是狭义上的概念。

　　融资结构理论上是指企业所需资金的各种来源方式的构成与比例关系,一般主要指权益资金和债务资金,以及长期资金和短期资金的构成与比例关系。实践中,企业在某一时期的融资结构是其长期融资行为的结果,反映了融资成本、财务风险、治理结构,以及企业内外部经营环境变化等诸多因素的综合影响。融资结构演化的现有理论研究主要围绕经典经济学理论的诸多假设条件,从信息经济学、代理成本、破产成本、财务风险以及激励等角度分析债务的成本与收益,为最优融资结构的计算提供理论依据。尽管已有研究中的融资结构演化理论和方法考虑的因素日趋全面,但从系统论角度把融资结构演化作为一个动态过程来思考的规范研究仍比较欠缺,而基于复杂性科学视角对融资结构演化的系统性分析还是空白。本书以系统论和复杂性科学等现代管理科学理论为基础,将融资结构演化过程看作一种动态经济系统的调整过程,分析其内在的复杂系统结构与特征,探讨其演化路径,力求在融资结构理论和复杂性科学的交叉领域取得突破。

第一节　复杂性科学思想的借鉴

一、复杂性、复杂系统与复杂性科学

至今对复杂性还没有统一明确的定义。《大英百科全书(第15版)》中关于系统科学中的"复杂性"属性概括了八种特征:(1)不可预言性;(2)连通性;(3)非集中控制性;(4)不可分解性;(5)奇异性;(6)不稳定性;(7)不可计算性;(8)突现性。① 每种特征都给予了确定解释,对把复杂性研究及其范式应用于自然科学以及人文、社会科学等各个领域有很好的启示,其思想和概念可以渗透到各门具体学科之中,成为重要的科学理念和思维方法。在社会领域,复杂性的含义主要是由人、组织及其关系,以及相互依赖性等构成。属于社会领域的经济系统,其复杂性较自然系统复杂性往往更加复杂,研究难度更大。在经济复杂性研究中,人们通常从三个方面考察经济系统的复杂性:一是考察经济系统本身,即经济系统是如何构成的;二是考察产生经济系统复杂性的过程;三是考察系统复杂性对经济系统运行的影响,即把经济系统运行的某些特定行为与其结构复杂性变化结合在一起进行分析。

复杂性科学(Complexity Science)是20世纪80年代诞生的、以复杂性和复杂系统为研究对象的一门综合性横断学科,它的诞生是科学发展过程中的一个重要的里程碑,其兴起最早可以追溯到1928年。1928年,贝塔朗菲(Von Bertalanffy)②完成了描述生物有机系统的毕业论文,并对1937年提出一般系统论(general system theory),这被认为是科学界明确直接把系统作为研究对象的里程碑。随着信息论、控制论、耗散结构理论、突变论、协同论、混沌论、超循环理论学科的诞生与发展,复杂性科学日趋成型。1984年,以美国学者盖尔曼、安德逊和经济学家阿若等人为首组建了专门从事复杂

---

① 见"Encyclopaedia Britannica"系统科学条目关于复杂性的解释。

② 路德维希·冯·贝塔朗菲(Ludwig Von Bertalanffy,1901—1972),美籍奥地利生物学家,一般系统论和理论生物学创始人,20世纪50年代提出抗体系统论以及生物学和物理学中的系统论,并倡导系统、整体和计算机数学建模方法和把生物看作开放系统研究的概念,奠基了生态系统、器官系统等层次的系统生物学研究。

性科学研究的圣塔菲(Santa Fe Institute,简称 SFI)研究所,该组织一直是复杂性研究的中心。1994 年,约翰·霍兰德(John Holland)在圣塔菲研究所举办的乌拉姆纪念讲座中做了名为"隐秩序"的著名演讲,接着出版了《隐秩序——适应性造就复杂性》一书,提出了复杂适应系统(Complex Adaptive Systems,简称 CAS)的理论。在复杂性研究领域内,《科学》(Science)杂志于 1999 年所做的复杂性专辑中选用了"复杂系统——超越还原论"的表述,后来学者们倾向于称之为"复杂性科学"这一用语。复杂性科学突破了传统研究中线性、均衡、简单还原的范式,注重研究非线性、非均衡和复杂系统带来的各种新问题。

复杂性科学是以复杂系统为基础的,认为复杂系统各单元之间是一个广泛而紧密的网络。虽然对于复杂性科学的概念、研究对象、研究方法等问题的认识还存在很大的分歧,但是开展复杂性科学研究所遵循的基本原理和观点相同,主要包括:(1)整体性原理;(2)动态性原理;(3)时间与空间相统一原理;(4)宏观与微观相统一原理;(5)确定性与随机性相结合原理。复杂性科学的研究范围十分广泛,涉及数理科学、生命科学、环境科学、信息科学、经济、管理等领域。当前,系统科学的研究正从无生命的物理、化学系统向生命系统转变,从工程技术领域向社会科学、生命科学领域转变。

霍兰德围绕着适应性主体(Adaptive Agent,简称主体)这一中心,构造了复杂适应系统的回声模型(ECHO 模型)。复杂适应系统理论是复杂性科学的经典代表理论,其核心在于:系统中的主体具有主动性和能动性。主体在与环境和其他主体间的相互作用中不断地改变自身行为规则,以适应环境和其他主体协调发展;主体的适应性主要体现在能与其他主体和环境进行信息和资源的交流,通过调整和改变行为模式来实现自身目标,从而适应环境变化的要求。霍兰德将主体的学习过程表述为:"接受刺激—做出反应—得到反馈—修正规则—提高适应度(fitness)"。适应性主体的学习能力促使其不断成长和演化[①],而回声模型研究的"涌现"(emergence)[②]现象则

[①] 所谓演化,是由于系统在内外因素的影响下产生了主体之间以及系统与环境之间新的行为规则和新的行为战略,它们在由主体构成的关系网络中蔓延传播,从而导致原有系统稳态的瓦解、分岔或变迁,并最终导致系统的彻底崩溃或导致新的系统稳态的诞生。

[②] 所谓涌现,就是构成系统的各个主体(子系统)依据一定的规则进行相互作用并最终形成稳定的系统整体结构的过程。比如在经济系统中,一开始主体之间由于信息的不完全而导致其行为在一定程度上表现出盲目性和随机性,随后通过一段时间的相互作用和相互适应(如依据学习、模仿等规则)而最终导致行为的稳定化或规范化。

将个体进化和系统演化连接了起来。即复杂适应系统由大量适应性主体构成,主体之间以及主体和环境之间存在着复杂的非线性相互作用,这种相互作用导致了系统的"涌现"现象,即微观个体的进化使宏观系统呈现出新的状态和新的结构,因此,"涌现"就将个体的适应与系统的演化这两个不同的层次联结了起来(朱爱平、吴育华,2003)。

复杂适应系统理论的提出和发展为处于复杂环境中的管理问题提供了一个新的研究方法,促使管理领域的研究开始注重于组织管理中主体如何通过合作和交互管理等行为方式适应环境的变化。Cynthia(2005)基于案例研究数据,采用 SWARM 建模仿真技术,构造出企业知识共享影响因素模型(e-Kns-MOD),从主体属性、主体间的交互、主体所处环境三方面对企业知识共享行为进行仿真模拟,使管理者和知识工作者能更好地理解影响知识共享行为的因素;由此,研究管理问题可以通过复杂适应系统理论找出一般发展规律,建立正确模型,利用计算机仿真模拟的方法进行验证和预测组织未来发展趋势。美国学者弗伦奇等(2006)认为组织变革领域的研究为个体和组织之间,组织和环境之间的匹配和适应提供了理论和实践指导,而且组织变革关注的是整个系统的变化,必须将组织视为复杂的社会系统。

复杂适应系统理论强调了动态的组织能力,使组织管理的研究视角转向组织——环境的动态交互、演化。Sanchez(1997)提出把复杂适应系统理论应用于企业动态能力理论,认为复杂理论与企业能力理论发展的四个基本理论出发点有关:(1)组织环境是动态的;(2)组织作为一个开放系统,处在更大的资源系统之中(例如产业与国家),每个组织都必须接近这些资源系统,以便生存;(3)对处于动态和复杂环境中的战略管理人员最基本的要求是认知,这些人员作为智能主体所拥有的心智模式决定了企业作为一个开放系统的适应能力;(4)管理人员具有整体观,如果他们要使组织能够作为一个适应开放系统有效运行,必须视他们的组织为一个整体,从整体上来考虑企业能力。

动态核心能力是企业在动态变化的环境中获取持续竞争优势的源泉,是由企业内部人员等行为主体和战略能力、组织能力、市场能力、技术能力等构成要素组成的复杂自适应系统,是体现于企业组织之中的动态知识体系(王毅、吴贵生,2007)。组织是一个不断与环境发生作用的系统,而组织变革就是该系统的演化;因此,只有将企业作为开放性的系统组织,采用复杂性、系统性的观点来看待组织变革,才能把握住企业与环境之间的紧密联系,找寻恰当的变革途径使组织适应环境的变动(肖智星、陈春花,2002)。复杂适应系统理论的提出正好解决了管理实践中如何才能增强组织适应力的问题,将复杂适应系统理论应用到组织管理中,研究如何建立符合复杂适应系统特征的组织并进行有效管理,是组织管理的重要发展方向(刘洪,2004)。复杂适应组织是指在组织成员具有自主判断和行为能力,具有与其他成员和环境交互信息和物质的能力,能够根据其他成员的行为和环境的变化不断调整行为规则,从而使自身以及整个组织与环境相适应。许萍和刘洪(2007)从复杂性管理范式出发,基于复杂适应系统的视角,分析了复杂适应组织的适应机制,提出适应性主体的学习能力和适应性行为能够涌现为组织学习和系统演化,提升整体的适应能力。

Levy(1994)认为,"如果把工业组织或者企业看作一种复杂性系统,企业管理者要想在管理上、决策制定上以及企业创新上有所建树,它就必须借助复杂性研究理论。复杂性研究理论为分析组织内部、组织之间非线性的合作及竞争关系提供了框架结构。"复杂适应系统要求管理组织趋于水平灵活结构,使组织各部门能对环境的变化做出快速反应,及时动态调整,使整个组织的适应能力得到有效提升。复杂适应组织中个体的主动性和学习性是组织具备提升环境适应能力的基础,组织变革只有充分调动企业内部成员的主动性和能动性,并且创造机会使个体的适应性行为涌现为组织的适应能力,才能真正将企业转变为复杂适应组织。因此,企业为提高环境适应力而进行组织变革,构建复杂适应组织是复杂适应系统观下的必要选择。

在经济学领域中,复杂适应系统理论从主体灵活性的角度揭示了经济主体行为的改变对市场环境的影响,例如一般均衡理论问题的研究(谭跃进、邓宏钟,2001)。Nicholas 和 Robert(2007)从复杂适应系统理论出发阐述了基于主体仿真对研究竞争市场过程和策略的意义,并提出企业若想在激烈的市场竞争中获胜,应该多方面发展企业灵活性(ambidexterity)。Pathak 等(2007)结合复杂适应系统理论、行业成长理论、网络理论和市场机构理论,构造了供应链拓扑结构。张涛等(2003)本着"适应性造就复杂性"的思想,认为供应链是一个合作共生系统和动态演进的学习系统,协商和妥协是供应链运作的"游戏规则",供应链系统的整体运行是帕累托最优的,通过同步化策略,实现集成化供应链的协同运作。复杂性理论已被广泛应用到研究解决和人们生活息息相关的经济问题(如投资与消费关系的变动趋势分析与预测、委托代理与监督机制等研究)。

复杂性科学被认为是"21世纪的新科学"(戴汝为,1998),属于"第三代系统思想",所提出的系统理念不仅完全颠覆和替代了传统的研究范式,而且也有别于早期的系统思想。复杂性科学无论在哲学上还是在实践中都推进着时代和科学的前沿探索,其研究主要应用以下方法:(1)系统论方法与还原论方法相结合。(2)动态研究与静态研究相结合。(3)定性与定量相结合。(4)理论阐述与经验归纳相结合。(5)实证分析与计算机模拟相结合。

二、基于复杂性科学视角分析融资结构的可行性

如果说以MM定理为中心的现代融资结构理论为融资结构问题的研究提供了方法论基础与技术工具,即成本收益比较的研究方法,那么,代理理论、信号传递理论、优序融资理论、权衡理论以信息不对称理论为基础,提供了全新的经济思想基础。这些融资结构理论不是简单地沿袭传统融资结构的理论思路,而是试图通过信息不对称理论中的"信号"、"契约"、"动机"和"激励"等概念,从公司的"内部因素"方面对融资结构问题进行研究,从外部股份持有者、债权人与经营人员和内部股份持有者之间的相互作用及其对公司价值影响的角度来解释融资结构问题。如代理理论基于企业的契约观、不确定性与信息不对称的思想,将融资结构研究建立在"人的行为"基础之上,为融资结构的理论探索寻找到新的支持,把现代融资结构理论的权衡问题转化为结构或制度设计问题,使得融资结构理论对融资结构问题的解释更具一般性和适用性,为融资结构理论研究开拓了新的研究领域,丰富了融资结构理论的内容。但这些理论大多是以静态或比较静态、局部均衡角度来展开分析,对外界环境与企业交互作用可能对融资结构的影响考虑不足。无论代理理论、信号传递理论还是优序融资理论,一般都只考虑了问题的一个方面,缺乏系统观。显然,从复杂性科学视角来看,这些融资结构理论所包含的利益分析体系还没有充分予以拓展。此外,这些融资结构理论的主要分支也各有不足。例如,代理理论中的代理成本比较难以准确度量,只是假定其会在资本市场上予以反应;信号传递理论的方法性强于理论性;优序融资理论重点关注了融资成本的高低及相对应的融资顺序,对是否存在最优融资结构问题则没有考虑;等等。同时,传统融资理论的多元化分析

产生诸多矛盾结论,难以令人信服的解释融资结构管理的复杂性,因而难以有效解释当前复杂环境下融资结构的理论和实践。因此,为了全面系统地把握融资结构的演化规律,有必要探索一些新的理论和方法。借鉴新兴的复杂性科学理论,从系统科学和系统复杂性的角度进行分析和考量,可以为融资结构理论的发展提供一个新的研究视角,且融资结构管理与系统复杂性领域在许多方面都相吻合。相对于传统融资理论流派,复杂性科学理论提供了一个更综合的理论视角来研究融资结构,它并非完全独立于传统理论,而是对现有理论的补充与完善。与通过建立因变量和自变量之间的线性关系来预测特定结果的传统理念不同,复杂性科学理论更关注动态过程而非静止状态,借助更高层次的抽象模型来揭示可能的变化,以解释一系列事件随着时间推移如何在暂时的有序和无序状态之间转变以及各种要素之间的影响方式。所以,基于复杂性科学理论视角的分析应关注融资结构的自组织机制、非线性关系、多重均衡和共同演进过程。

企业融资活动由企业、供应商、客户、债权人及被投资对象、所有者及政府税务部门构成,其中企业为系统的主体与核心,它与其他利益主体通过物质、信息以及资金的流动相互作用。企业与利益相关者之间的关系越来越复杂,为适应复杂多变的外部环境条件,各利益相关者的权利结构以及权利作用机制的动态变化就更加复杂。现实经济中的不确定性,企业在资金、信息、能力和决策动机方面表现的有限性和差异性,决定了企业融资管理的复杂性,同时企业能通过学习来提高适应融资环境的能力,而不同利益主体行为的多样性是融资结构演化的基础。企业在市场中参与和进行日常经营、筹资、投资、分配等财务活动,与供应商、客户、债权人、被投资对象、所有者和政府之间发生各种财务关系,主体之间以及主体和环境之间的相互作用所表现出的宏观、微观特性和机制也具备 CAS 的特征。当复杂性有助于价值创造时,就应该努力去维持它;若复杂性会破坏价值创造时,就要努力降低或消除它。企业只有清楚认识到所面临的复杂性本质,并能够有效解决这些问题,才能最终在日趋复杂的竞争环境中得以持续发展壮大。

应用复杂系统理论研究企业融资结构是复杂性科学和企业融资结构理论自身发展共同推动的结果。通过对企业融资结构复杂性的分析,可以帮助我们深入认识企业融资结构的本质及其演变规律,进而充实和丰富企业融资结构理论的内容。在日益复杂多变的今天,企业如何构建最优融资结构进而获得长期的竞争优势是一项复杂而艰巨的工作,而基于复杂系统理论的企业融资结构研究可以为之提供有效的理论指导。因此,应用复杂系统理论研究企业融资结构不仅具有深刻的理论价值,而且更有丰富的现实意义。

三、复杂性科学视角下的融资结构研究范式转型

"范式"一词是美国著名科学家、哲学家库恩(Kuhn T. S.)在他的《科学革命的结构》一书中提出的最重要的一个范畴,是库恩科学哲学思想的核心。从广义上讲,研究范式是科学群体所认可和接受的概念、方法和科学体系,是研究方法与研究思维的集成。研究范式的科学化、系统化和规范化对其拓展发展空间和迅速取得社会认同具有重要作用。英国学者玛斯特曼(Masterman M.)对库恩的范式观作了系统的考察,他从《科学革命的结构》中列举了库恩使用的 21 种不同含义范式,并将其概括为三种类型:

(1)形而上学范式,如一组信念、有效的形而上学思辨、标准、看法、统率知觉的条理化规则等;

(2)社会学范式,如公认的科学成就、具体科学成就、一套科学习惯或比作一套政治制度、司法裁决等;

(3)人造范式,如教科书或经典著作、工具仪器、类比、格式塔图像等。

近年来,"范式"一词的使用空间扩大,已被套用到传统与创新的任何领域。从本质上讲,范式是一种理论体系,属于哲学范畴,但目前已逐渐延伸到经济学、管理学等领域。

法国哲学家莫兰(Morin E.)把彼此联系起来并能决定关于(物理、生物、人类、社会)世界的复杂的观念形成的理解原则的总体,称之为"复杂性范式"。经典科学范式(即简单性范式)下的科学认识论追求平衡性、稳定性和确定性等特性,而复杂性范式则认为研究对象具有主动性和适应性等动态特征。按照库恩对范式概括的三种类型来看,目前复杂性范式主要还停留在形而上学范式的层次,还不够成熟,复杂性科学的各种基础性研究还在进行中,但其所蕴含的思辨理念必将使这个新的科学范式在现代社会科学与管理科学研究中发挥巨大影响。

从哲学层次来说,复杂性科学主要表现为从还原论思维转向整体、关联的复杂性思维方式。在主客体关系上,复杂性范式坚持主客体统一原则、对

象—环境一体化原则和兼容目的论原则；对待客体，复杂性范式主张统一性与多样性共存原则、非决定论原则、非线性因果原则、时间不可逆原则和生成性原则；在逻辑方法上，复杂性范式遵循涌现性原则、有限形式化（或有限数量化原则）和两重性（或多值）逻辑原则（Morin，1999）。在世界观上，复杂性科学认为我们对世界的理解应由客观的、完全可预言的、决定论的、装配式的世界向涌现的、非决定论的、自主性的世界转变；我们对世界的应对也应由局限于层次内的、自上而下的几种控制式的指令拓展到层次间的自下而上的、非中心—多中心的自组织；科学逻辑应由"不是—就是"的单极性思考向能包容矛盾的多极性、非线性思维转变（吴彤，2003；Morin，1999）。

生存和发展是企业存续的永恒主题。复杂性科学把时间作为一个内在参数，因此系统是演化的，是单向不可逆的，具有生成演化的过程。企业组织想要生存和发展，就必须动态适应环境的变动，而在竞争日趋激烈的复杂环境中获取和提升适应力是企业取得竞争优势的重要前提。对复杂性科学的研究，启迪了管理学家们的思维，为学科的发展提供了新的研究视角与研究范式。这种新的思维范式促使我们将研究视角从了解结构和局部构件细节的还原时代，转向整体思维与决策的广义进化思维范畴。从融资管理角度来看，这种整体性思维要求我们最大限度地把握融资结构的本质，可以将融资结构系统看作是时空耦合的、多层次的复杂系统。即只有同时把时间和空间这两大范畴纳入系统论中，才能真正认识融资结构的基础规律。复杂性范式的出现有可能动摇传统融资结构理论的研究基础。

复杂性科学为融资结构研究范式转型提供了一个新的视角。环境的复杂动荡要求融资管理要提高自身的复杂性，而客观存在的融资结构复杂性也对融资复杂性管理提出了要求。对融资结构研究范式转变的回顾将说明基于复杂适应系统视角来看待和实施融资结构变革存在必然性。随着新技术、新方法的使用以及观测资料的不断积累，加之实验数据量的增加和数据质量的提高，融资结构研究在空间上可以同时向微观与宏观两个方向扩展。当前，融资结构研究展现出重视实证分析、重视相邻学科理论和方法的借鉴、注重融资过程的微观化和综合化研究、区域的层次化研究及融资结构应用的多元化研究等诸多动态和趋势。虽然新技术、新方法的应用为融资结构研究提供了强有力的支持，但不少学者已经认识到，由于融资结构系统的复杂性，融资结构的理论研究一直落后于融资结构的实践。但正是这种复杂性,成为融资结构研究方法的新的突破点。融资结构系统的复杂性特征决定了其研究必须采取复杂性的研究方法。当前,复杂性科学已日趋完善,系统论、协同学、复杂适应系统理论等为人们认识、理解融资结构复杂系统提供了越来越多的思辨视角和分析方法。20世纪80年代,美国著名的复杂性研究机构——圣塔菲(Santa Fe)研究所的成立,使得复杂性、复杂性科学这些名称逐渐得到学界的认可,并且迅速传播和流行开来。它的成立也标志着复杂性科学范式的初步建立。与传统科学研究方法不同,复杂性科学的研究不仅建立了贴切的"物理"模型(自下而上的建模方法),而且找出了相应的算法,借助计算机求解;不仅在形态和过程研究中不断深入,而且重视机理研究。这为融资结构"环境—结构—过程—机制"的研究提供了新的视角和方法。与经典科学相比,复杂性科学的独到之处不仅体现在认识论上,而且体现在方法论上。

20世纪80年代中期以后,学者们开始将融资结构理论与产业组织理论结合,衍生出战略公司财务理论,以 Brander 和 Lewis(1986)在《美国经济评论》上发表的《寡占与财务结构:有限责任效应》一文为标志,他们认为企业在产品市场上的竞争行为受其融资结构的影响,同理,企业在产品市场上的表现和绩效也影响着企业的财务结构决策。在论文中 Brander 和 Lewis 把公司的财务决策置于产业环境中来加以分析,改变了融资结构理论"单一公司"的传统研究范式,将企业融资结构决策置于产业环境中,考察融资结构与产业环境的相互作用,从而为融资结构理论指出了一个现实的研究方面(Harris & Raviv,1991),为融资结构研究开拓了新的天地。

融资结构复杂性的存在是客观事实,因此,融资结构的复杂性决定了传统融资结构研究范式必然转变为复杂性融资结构研究范式。传统融资结构研究中排除的组织的不确定性、随机性和不可预测性将成为复杂性管理的研究对象和研究手段。Levy(1994)指出,企业是一种复杂性系统,管理者必须借助于复杂性理论来分析和管理组织内和组织间的非线性关系,来提供应对和驾驭复杂环境的行动指南。

虽然人们对企业成长的研究已经取得了一定的成果,但是运用复杂性科学的理论和方法对企业融资结构进行多角度、多层面的系统研究成果还未出现,因此,将复杂性科学理论与方法应用于揭示融资结构管理与价值创造机制的本质,不仅可以给我们提供一种新的视角,从而把融资结构理论研究引向深入,同时在探求构建企业融资结构价值创造机制与完善监管的有效途径方面也将给予更多启示。本书认为,借鉴"第三代系统思想"的复杂适应系统理论,可以更好地解释公司融资结构的复杂现象和解决融资结构演化的复杂问题。

第二节 融资结构系统观

复杂性科学认为世界是物质的,物质是以系统形式存在的。贝塔朗菲认为:系统是处于一定相互关系中与环境发生关系的各组成部分(要素)的总体;或者说,系统集合内各要素按一定的结构组织而成的一个整体,并在与外部环境进行物质、能量、信息交换过程中体现出一定的功能。融资结构的演化体现了复杂性研究中的系统论思想。

系统科学是从事物的整体与部分,全局与局部以及层次关系的角度来观察和研究客观世界的。这里的客观世界包括了自然、社会和人自身。系统的一个重要特征就是系统在整体上具有其组成部分所没有的性质——系统的整体性。

一、融资结构演化的系统结构及特征

融资结构的演化过程是为实现企业的特定目标,企业基于内外环境影响因素,采取适当手段和措施,促进现有融资结构向最优融资结构调整的动态过程。因为企业面临着内外环境的动态特征和调整融资结构的复杂性,所以融资结构的演化过程是多阶段的渐进过程,该过程具备了复杂系统的某些特征,因此把融资结构演化作为复杂系统加以研究具有可行性。

(一)融资结构演化系统的结构

系统指由相互依存、相互作用的若干相关元素组合成的,具有特定功能的有机整体。经济系统的构成元素可以是有形的,也可以是无形的。融资结构演化系统属于抽象的人工系统,系统输入和输出的不再是有形资源,而是无形信息。融资结构系统内部对无形信息的处理主要体现在长期资金与短期资金、内源资金与外源资金、权益资金与债务资金的配比关系,整个演化过程围绕着各类资金的数量与构成进行调整,其中权益资本和债务资本

是融资结构演化系统的基本元素。从增量融资角度看,为满足新项目投资的需求,权益资本和债务资本存在相互制约的替代关系,一种资金的增加会减少对另一种资金的需求;从资本存量角度来看,权益资本和债务资本属于相互促进的协同关系,通过适当方法可以实现一种资本向另一种资本的转换,而且如果比例关系协调将有助于企业价值的增加,同时也会产生两种资本市值共同提高的协同效应。对于融资结构演化系统,权益资本与债务资本的替代与协同并存的耦合关系确定了系统的基本框架。

融资结构演化系统(以下简称为融资结构系统)是一个与环境之间存在着相互作用的开放性系统,信息的输入和输出要通过系统边界实现。系统边界指能够确定系统范围并使系统与其环境区别开来的界限,界限内为演化系统,界限外是系统外部环境。外部环境包括处于系统边界之外并和系统进行着信息交换的所有事物,如对融资结构演化产生影响的法律环境、金融环境和经济环境等。系统边界是客观存在的,它不仅划清了系统运行的界限,而且把系统与外部环境紧密地联系起来。基于上述分析,融资结构演化的系统结构如图 3-1 所示。

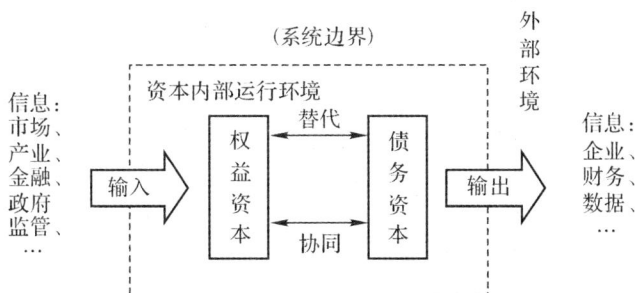

图 3-1　融资结构演化系统结构

(二)融资结构系统的特征

1.动态性

融资结构系统要不断从外部环境获取与企业融资决策有关的信息,进行加工处理,然后将所得到的优化结果输出到环境中,这种与环境之间的密切联系使得系统具备了动态性。这种动态性既反映出外部经济环境的多变性,也反映出系统内部状态的运动性。

2.稳定性

由于融资结构系统中动态因素的存在,制约着系统运动的目的行为,甚至破坏元素耦合,导致系统的不稳定。为了克服不稳定因素的影响,使得系统能够围绕融资结构优化的目标运动,系统需要针对不稳定因素的存在条件和作用形式,采取特定控制手段,保证系统输出与其优化目标一致,体现出系统运行的稳定性特征。

3.层次性

融资结构系统具有一定的层次结构,可分解为不同形式的子系统。从结构角度,权益资本由内部融资和股票融资组成,债务资本由长期债务和短期债务组成。债务和权益作为子系统,包含其自身的元素与功能。进一步细分,长期债务包括债券融资、长期借款和融资性租赁,股票融资包括普通股和优先股。从功能实现的角度看,信息转换、反馈测量和主动控制等子系统分别负责优化的一定功能,它们决定着系统目标的实现。这种由大系统、子系统,到系统元素构成的阶层结构形式体现了层次性,为梳理系统工作流程以及功能分析提供了依据。苗东升(2000)认为,复杂性只能出现于存在等级层次结构的系统之中,层次越多,越容易产生复杂性。

二、融资结构系统的演化目标

当融资结构优化的系统结构被确定后,在一定时空条件下,如果没有内外因干扰,系统将保持相对稳定状态。内因取决于企业的财务状况和经营成果,外因取决于环境的变化。内外因均是维持和改变系统运动状态的关键因素,但对企业而言,外因的不确定性更强。所有的经济过程,只要与外界环境存在物质、能量和信息的交换,就一定会受到外界环境因素的影响。对融资结构演化系统来说,有关外部经济环境的经济信息,如经济发展状况、银行借贷利率、企业所得税率、资本市场的规则及宏观金融政策等因素的变化都将改变企业融资的外在条件,进而推动企业融资结构的演化,使系统处于运动之中。同样,系统优化输出的企业财务信息也会对证券初级市场规模、证券市场结构、融资工具多样性以及金融机构行为等产生影响。

融资结构演化的基本目标是不断调整权益与债务等资金的比例关系直至最优。“最优”是理论意义上的极限状态,它反映经济系统不同时期的目标函数。虽然目前主流观点已经认可融资结构的演化目标是企业价值最大化,但很难确定融资结构优化调整的唯一极值。由于融资结构系统的演化是一个动态过程,它既要寻找最优状态,还要考察结构优化的形成机理、条件与控制机制等问题,不是寻找单一的资产负债率,而是围绕融资结构价值创造机制的形成,运用适当的手段来调整和控制融资结构的演化,把权益、债务比率保持在合理的范围内,使企业价值最大化。

三、融资结构系统演化的控制

实现融资结构演化目标是将企业权益、债务等资金比例保持在合理的范围内,该目标的实现需要通过自调节与反馈控制机制共同作用。融资结构系统演化的控制原则与其他微观经济系统一样,即以最小的代价获取最大的收益,通过成本与收益的比较选择最理想的控制方案。在实际操作过程中有两个控制标准:一是有效性,这是最优控制的主要标准。其次是稳定性,要确保系统运动始终处于动态平衡状态①,避免受扰动因素的变化影响而遭到破坏。

苗东升(1998)认为:"复杂性科学不等于系统科学,但系统科学本质上属于复杂性科学,它的任务是向复杂性研究提供方法工具。复杂性现象必定是系统现象,必须从整体上把握,用系统方法处理。"

第三节　企业融资结构系统演化理论的基本假设

一、融资结构是一个复杂经济系统

企业系统由人、资金、设备、原材料、任务和信息六个要素组成,它们都要满足一定的制约条件。进行经营管理首要要认识它们的制约条件,从而能动地求得在制约条件下系统的最优运转。制约分为两类,一类是经济规律的制约,一类是技术条件的制约。在制约条件下求得总体最优是企业管理的核心问题。现代系统科学强调系统元素的主动性,即元素有自己的目

---

① 融资结构系统运动的动态平衡,是指避免随机扰动影响,使企业融资结构沿趋势向量决定的发展趋势,在受目标约束的平衡状态附近允许范围内作小幅波动,并随时间序列推进,使融资结构逐渐实现最优的过程。

标和取向,能够在与环境的交流互动中改变自己原有的行为方式和结构,以更好地适应环境。企业融资结构是一个由一系列相互关联的企业融资管理活动(包括融资渠道与融资方式、长期融资与短期融资、内部融资与外部融资、权益融资与债务融资等)组成的复杂经济管理系统,它的主要子系统在层次、级别、类型、区域等方面呈现复杂结构,而各子系统之间也具有相互关联、相互制约、相互作用的复杂关系,这些复杂结构和复杂关系随着环境的变迁也不断发生演变。

二、企业融资行为的进化理性

企业融资行为演化研究的方法论是:企业融资行为主体的理性十分有限和不完全,并且是处于不断进化之中。在企业内部知识共享行为上,融资行为主体的理性层次较低。这主要是因为这类决策是群体决策,而行为是企业行为。此时融资行为主体意识到错误和调整策略的能力较差,其融资行为变化更多的是一种缓慢进化而不是快速学习与调整机制。进化理性主义认为:(1)企业是异质性的,企业的知识和能力存在差异;(2)知识是主观和不确定的,企业现有的知识、技术、能力等都不确定;(3)企业的组织建构必须依据进化理性主义的原则,建立应对不确定性的学习和创新机制;(4)社会互动是知识积累的重要渠道;(5)企业总是在其特定的认知状态下权衡短期的竞争力和长期的适应性。

三、融资结构演化路径选择机制

系统演化是指系统由一种平衡与稳定状态转变为另一种平衡与稳定状态的过程。系统在演化过程中,各主体间的相互联系、各主体的结构与功能以及系统与外部环境的相互作用状况将发生根本性变化,会呈现出新的宏观态势。系统构成要素之间相互关联的同时要受到整体目标的约束,并按照系统整体目标发挥作用。融资结构系统演化过程总体上呈现周期性特征,但由于融资结构演化有其内在的路径选择机制,所以演化过程有不同的路径。

现代系统科学观点认为,演化是系统整体存在的基本特征,并以涌现作为自己的阶梯。影响融资结构演化的因素很多,包括企业外部因素和内部因素。融资结构演化动力机制从微观上可以描述为企业价值创造和市场制度创新共同演化机制,从宏观上可以描述为企业在融资过程中与相关利益者的协同机制。

企业融资结构系统从一种状态到另一种状态的演进路径主要取决于企业融资系统规则的变化。主要体现在:(1)内外部环境因素的互动与协调。影响融资结构系统的内外部环境因素的互动与协调,推动企业不断发展,同时也决定了企业融资结构的演化路径。(2)融资结构价值创造机制。企业在不同时期的经营目标不同,相应对企业的财务管理目标也有不同的要求。企业经营失败则融资能力丧失;企业经营若获得成功,由于自增强的作用,会产生很好的示范效应、管理溢出效应和财务杠杆效应。其他企业会在融资结构价值创造理念驱使下,通过模仿、模仿创新而形成自己的融资结构。(3)融资结构演化的路径依赖性。路径依赖是指人类社会中的技术演进或制度变迁均有类似于物理学中的惯性,即一旦进入某一路径,就可能对这种路径产生依赖。大卫·保罗(1994)认为在正反馈机制作用下,随机的非线性系统可能会受到某种偶然事件的影响,而沿着一条固定的轨迹或路径演化下去,即路径依赖是指系统某一时期的演化方向受到上一时期的演化轨迹的影响。在融资结构演化过程中受价值创造、制度创新的影响表现出明显的路径依赖特征,路径依赖是演化的重要特性。

价值创造与监管既是融资结构演化的动力机制,更是融资结构演化路径的选择机制,融资结构价值创造是路径的决定因素。正如 Loasby(2001)认为,在经济演化过程,时间、知识和演化轨迹是交织在一起的,并共同决定了系统演化的方向和速度。

企业融资结构的演化过程,就是优化财务资源配置与提高价值创造机制的过程。融资结构系统通过不断地与外部环境交换信息资源,从而采取的一系列行动以及遵循的演进路径,目标就是适应企业的需要及环境的变化,实现企业价值最大化。但是,不同行业与不同规模的企业融资结构系统选择的发展演进路径可能是不同的,即使同一个企业融资结构系统在不同的发展演进时期也可能选择不同的发展路径。

第四节　融资结构系统的复杂属性

以复杂性科学为其理论依据对融资结构进行分析,具有整体论和系统论的思想,而这正是传统融资理论所缺乏的。复杂性科学中的系统、信息、整体、反馈、自组织、非线性等概念都可以顺利地进入融资结构理论的话语体系。融资学在认识论、方法论、逻辑思维等方面与复杂性科学有深刻的一致性,融资结构具有复杂性科学的许多特性,主要体现在:自组织性、适应性和动态性等属性。

一、融资结构系统的自组织性

自组织是指系统中许多独立元素在没有特意的策划、组织、控制下而进行的相互作用、相互影响、自然演化的结果,也是系统不需要外部指令,而在一定条件下自行产生特定有序结构的过程。系统的有序正是源于系统在混沌状态下的自组织能力。自组织产生的条件有:系统是一个开放的系统,与周围社会和自然环境系统不断进行着物质、能量和信息的交换;系统处在发展水平不平衡状态,即系统内各个体发展水平之间产生了不一致;系统内部存在着一种将系统推向远离平衡又能够通过自组织达到一种新的平衡的力量。企业融资结构的演化趋势既有外生性,也有内生性。企业融资结构一旦形成,就会出现一个自我强化的循环。融资结构系统能够不断地学习,根据自身财务状况及市场等外部环境的变化对其层次结构与功能结构进行重组及完善,促使融资结构系统从无序进化到有序、从低级进化到高级。

企业是以价值创造为核心目标形成的组织,其融资结构的演变可以视为一个通过系统层面上的自组织机制来实现的各要素共同演进过程。企业融资结构是一个变量多、机制复杂、不确定因素作用显著的特殊复杂系统。融资结构系统的自组织性是指能够自动调节自身的组织、活动的特性,主要表现为融资结构系统能动地适应经济环境的作用,并通过反馈调节自己的融资结构和活动,从而保持稳态、平衡以及与环境相一致。呈现出以下三个自组织特征,其中开放性是存在条件,非线性是组织特征,非平衡性是其发展方式。

1. 开放性

开放性是系统形成有序结构的必要条件,而开放性必然带来复杂性。企业融资结构是一个开放系统,不断地与外界环境进行物流、信息流、资本流等融资要素的流动与交换,为外界负熵流注入系统创造了组织条件。融资企业本身就是一个开放的子系统,是连接外界环境的个体单元,通过开放发展集成社会资源(李海舰、郭树民,2008),对外接触面积的不同和自身经营能力的差异,会产生不同的开放效率和交流效果。在此基础上,公司与股东、公司与债权人、公司与政府监管部门、股东与债权人之间的关系使公司融资方式、融资途径、融资规模的选择不同,导致了融资结构的多样化。

2. 非线性

所谓非线性是指系统内存在着各种形式的正反馈和负反馈,非线性作用是系统形成有序结构的内部原因。不同主体之间的联系并不是简单的作用与被作用、原因与结果的关系,而是呈现出互为因果、相互推动的关系(邢维全等,2013)。由于企业受其经营规模、市场竞争力、管理水平、发展周期等因素的影响,使其融资结构系统的目标与企业内外环境因素的作用是非线性的,企业各利益主体之间的作用也是非线性的;企业融资结构从初级(满足企业资金需求)到高级(价值创造机制最优)状态演变的过程,是正负反馈机制综合作用的结果。企业融资结构系统是包含企业融资结构单元及其相互关系的复杂系统。企业融资结构单元之间的协同作用既有线性关系,也有非常复杂的非线性关系,表现为相互制约、相互耦合、合理分工、差异协同、互为因果等。融资结构系统内部能力单元之间耦合的相互作用将所有企业融资结构系统单元凝聚成一个有机的整体。企业融资结构系统的非线性网络状结构有时常表现出动态的自适应性。交叉网络性体现了企业与各利益相关者之间以契约为特征形成的组织形态,意味着企业与各利益相关者之间联系的多路径和多维度。企业融资结构自组织的非线性特征在交叉网络中得到体现,影响要素之间的作用机制通过网络化的连接模式来实现相互渗透和相互制约,呈现出孤立部分及其叠加所不具有的涌现性或突现性。融资结构的任何一个环境要素的改变都会通过网络的不同路径进行传递,发生有序涨落,进而引起融资结构整体的变化,体现了要素之间非线性作用的特征。

3. 非平衡性

非平衡性是推动组织协同演进的关键动力。企业融资结构形成的非平衡性体现为企业融资需求与实际融资能力的差异。只有在远离平衡时,系统才能不断与环境交换物质和能量。企业的生产规模、生产能力、盈利水平都有很大差别,加上外部环境因素的影响,尤其是经济变革的破坏,使得企业处于一种非平衡状态。企业融资结构演化到一定阶段,融资结构系统内部可能出现某种结构特征,或形成与环境之间的某种稳定的信息、物质、能量交流关系。但由于运行状况良好的企业对市场信息、竞争、市场机会等比较灵敏,反应迅速,因此企业融资结构系统内的各种平衡态只能是动态性的平衡。一个开放的、有活力的企业融资结构系统,其内部结构不均衡的现象会经常出现,原有的均衡被破坏,通过优化达到新的均衡,形成一个新的更具适应性的系统。1977年诺贝尔奖化学奖得主普利高津(Plya Prigogine)①认为,非平衡是有序之源。企业的整体实力、信用水平、发展阶段、所处行业上的不同以及由此引发的企业经济地位的差异,将导致企业融资结构显著不同,而企业融资结构状态受企业内外环境因素波动引发的演变促使其价值创造机制的形成。企业不同利益相关者有着不同的利益诉求,进而相互摩擦与碰撞加剧了融资结构调整的幅度,推动着融资结构的协同演进。这种利益冲突可能导致融资决策的制定者出于自身利益的考虑使融资决策偏离理性的轨道。由于融资决策可能影响股东、债权人与经理人等各方利益的变动,因而融资结构的变动是各利益相关主体博弈的结果。

二、融资结构系统的适应性

所谓适应性是指企业主体能够通过规则与环境以及其他主体进行交流,在这种交流过程中"学习"或"积累经验",并且根据学到的经验改变自身的结构和行为规则。企业融资结构系统的适应性是企业融资结构系统主体对企业内外环境的变化所做出的反应,该反应是主体随着经验的积累,靠不断变换其行为规则,以提高自身适合环境的能力为目的的。适应性演化是指个体与其所处的环境相互作用,个体为适应环境的变化而改变自己的行为,反过来,由于个体始终处于其环境中,所以个体行为的变化也会改变环境,这样就会形成一种持续不断的符合适者生存规律的演化现象。企业财务决策和计划过程中,各管理阶层的人员根据本部门情况和企业发展战略做出各自的财务决策和计划,并在执行过程中不断调整计划和完善决策,进而改善财务环境,提高未来决策和计划的水平,避免危机的产生,就体现了适应性演化的特征。融资结构系统是在环境纷乱复杂的条件下,关注信息

① 1977年诺贝尔奖化学奖获得者、比利时布鲁塞尔自由大学(Universit Libre de Bruxelles,ULB)的教授,于2003年5月28日在比利时去世,享年86岁。普利高津1945年,Prigogine提出线性非平衡热力学的最小熵产生原理,1967年提出耗散结构理论,创建了非线性非平衡热力学新领域。

和数据,能够根据环境的变化做出合适的即时反应或者进行自我调整,富有效率的复杂适应性系统。公司在激烈竞争的环境中生存,都需要自我调整适应环境的变化。

围绕如何适应复杂性已有很多理论研究成果。Robert(1997)认为,被视为复杂适应系统的企业,会在管理活动、R&D活动、市场营销活动、融资投资活动、资源配置和公共关系活动等方面表现出多样性、自发性、融合性、适应性、超越性和变形性。然而,一个企业不可能具有各种能力,因而不能面面俱到;此外,每一项适应特征的获得或措施的实施也都是有代价的;而且各个企业面临的环境是独特的,具有异质性,需要采取不同的关系处理方式。换言之,内外部多种因素决定了一个企业的成长模式,反过来该种成长模式又要求企业采取与之相适应的组织结构、内外部关系和运行机制等,否则就不能继续成功。Yaneer(2002)认为,企业的成功与失败很大程度上取决于企业的复杂性与环境复杂性的匹配,每个企业要根据自身的内外部环境条件,选择不同的复杂适应措施。因此,不同企业也就形成了不同的复杂适应类型。研究企业融资结构如何在复杂环境下进行演变、有哪些规律特征,对于现实企业的变革与发展具有重要的指导价值。

融资结构演化能够促使企业改变自身融资结构并与环境保持高度适应性,而这种适应性是通过适应策略进行的。所谓适应策略,是指复杂的适应性系统为适应环境的变化所采用的策略。企业融资结构保持与环境高度适应时也需要有一种适应策略,这种适应策略就是企业的融资战略。

企业作为一个有机生命体同生物体一样对外界环境具有适应性,而企业融资战略同样具有适应性。在企业融资结构演化过程中,企业融资战略会随着外界环境的变化而不断变化。在某种环境下有效的企业融资战略,当环境发生改变时,就需要重新确定或调整融资战略,才能保证企业与环境的适应性。战略的适应性需要综合考虑企业的外界环境、企业的系统结构以及适应过程中的历史信息,具体是指企业必须对市场环境、行业结构和演变趋势、行业规划、直接竞争者和潜在威胁者、现行的融资战略进行充分的分析,清晰业务界定和市场定位,克服企业内部的思维定式,不断研究分析融资行为、融资需求与供给的动态变化,从而制定出灵活的战略。

适应性学习是一个系统内部和外部的各个子系统通过摩擦达到稳态的一种运动形式。伴随着系统的适应性学习过程,企业融资结构系统会积累显著的资源和规则,通过不断向外界(包括环境和竞争对手)学习,以维持自身的竞争优势,同时还要不断调整整个执行系统和要素系统,以提高效率并减少企业融资结构系统的运营成本,提高系统效率。在此基础上,企业融资结构系统要进一步调整其内部规则,以提高企业融资结构系统的适应性,当系统各要素在结构或规模上发生巨大变化时,最终产生系统涌现现象,涌现出新的特征和结构。

三、融资结构系统的动态性

针对企业系统及其环境的复杂性,自 20 世纪 70 年代以来,以 SFI 为代表的越来越多的研究者运用复杂性科学的理论和方法,从不同的角度和层面关注企业系统内部各要素以及企业系统与外部环境之间的复杂的非线性作用,从而探求和研究企业的成长过程,并力图解释和解决这一过程中出现的现象和问题。在盛治的《第五项修炼》和彼得斯的《在混沌中茁壮成长》等著作中,他们都把企业看作是一个动态的复杂系统。

动态性是产生系统复杂性的主要原因之一,是指复杂系统总是处于不断运动变化之中。企业融资结构系统的动态性是指融资结构系统的状态是随时间变化而发生变化的。这主要表现为两种形式:一是平衡动态,即在不改变系统内部结构的条件下,系统状态随时间变化,它是系统的微观特性;二是演化动态,这时系统的内部结构和行为功能会发生变化,造成系统状态随着时间而变化。由于融资结构系统中存在许多动态因素,制约着系统运动的目的和行为,甚至会破坏系统各因素的相互协同,使系统具有不稳定性。

第五节　融资结构系统演化的复杂性分析

企业是一个复杂经济系统,企业融资结构动态是由不同内外部环境因素在企业微观层次上进行交互作用与适应的结果,实际上是一个微观机制作用下的宏观现象涌现。因此,复杂系统理论和方法,对于研究企业融资结构发展的内外环境要素、内在作用机制具有重要意义,是研究企业融资结构演化的重要理论基础。现代系统科学的观点认为,演化(演进)是系统整体存在的基本特征。理想的企业融资结构系统演化应该是一个阶梯式的、由低级向高级、由简单到复杂、递进式发展的过程。不断产生的涌现现象使得企业融资结构系统逐渐演进到更高层次。

企业融资结构系统演化的涌现可以表述为：企业为了适应环境的变化，能动地接受各种反馈信息，通过不断优化、协调企业融资结构，使各个子系统之间产生相互的非线性作用关系，促使企业融资结构系统价值创造能力得到质的飞跃和提高，并生成新的、原有企业融资结构系统所不具备的、更高层次的系统特征的过程。企业融资结构系统演化过程，正反馈机制起了主导作用，是系统新特征逐渐涌现的结果。企业融资结构系统的主体具有能动性，能够进行适应性学习，并以系统涌现为阶梯不断演化。

目前学术界已经不局限于对事物进行剖析、还原等方面的认识，更强调对事物动态演化过程的全面把握，包括对事物从一种状态向另一种状态的变化、从低级阶段向高级阶段过渡的认识。复杂性研究理论将企业组织系统视为一种复杂性的适应系统，因此，企业的运行和行为功能自然会表现出复杂性适应系统的各种基本特征。企业是一个复杂的开放式系统，要与其所处的环境不断进行物质、能量和信息的交换，因此，企业融资结构也不会一成不变，而是一个复杂的变量。当融资环境的变化状态相对稳定时，企业的融资结构演化也处于相对缓慢、稳定的状态，但是这种状态很快就会被新的竞争破坏，企业的融资结构演化过程正是由无数的稳定状态组成的动态过程。这种演化过程沿着时间和空间维度进行，是一种包含企业与企业所处环境同时变化且相互作用的综合过程，是动态的数量积累和本质变化。在传统的企业机械观下，企业融资结构更多的是企业高层主管的主观判断。基于进化理论的企业融资结构优化是指在企业演化的某个时点和整个动态过程中，从时间和空间层面，从系统性、演化性和统计性角度，能够使企业不断改变自身融资系统结构以保持同环境的高度适应性的机制。企业融资结构的动态演化体系是复杂自适应系统，由多个能力要素和行为主体组成，它们按照既定规则相互作用，反应彼此行动，改进自我行为，进而改进整个系统的行为，从而增强企业价值创造机制。融资结构演化过程中呈现出以下特征。

1. 融资结构演化是一个复杂的系统性活动

融资结构是企业为了有效地支持投资及企业运营所采取的融资组合，融资结构选择不仅直接影响企业的获利能力，而且还影响企业的偿债能力和财务风险。融资结构是企业财务战略的重要组成部分,优化企业融资结构可以降低企业的融资成本,实现企业的理财目标,提高企业的经济效益。因此,分析融资环境,选择企业的融资方式,衡量融资成本和融资风险,实现融资结构的最优化,已经成为企业融资战略研究的重点。

融资的目的不仅是筹措所需资金,而且要加强企业的行业竞争力和市场盈利能力。单个项目的融资只需有方案,而作为企业融资战略设计,应该和企业价值的创造相关联。融资不仅满足企业经营所需资金,而且需要以企业价值创造作为融资结构选择的基础,企业价值创造和企业融资结构优化是融资结构演化过程中不可分割的两个主题。

2. 融资结构系统的主体是一个复杂人

传统管理理论都假设人是完全理性的("经济人"假设),即使企业的环境是复杂的,人们还可以通过理性化的过程来使组织变得可控,以使复杂性变得简单。但在现实管理活动中,作为管理主体的管理者和管理客体的被管理者都是具有思维能力、复杂历史文化背景和网络化的社会关系、差异化性格和行为方式的社会人,双方的互动具有极强的不确定性和动态性,这使得管理者的管理行为和决策处于无序的动态组织中。管理旨在借助组织中的人来实现组织目标,同时组织中的人需要依靠组织或团队来实现个人目标。企业各利益主体目标的多重性和冲突,使得融资管理问题变得异常复杂,从而使得融资结构的设计、实施及反馈的复杂性增强。

3. 融资结构演化环境日趋复杂

任何企业都处于特定的环境中,环境是企业融资结构演化的重要维度。企业只有在与外界环境进行持续不断的物质、能量和信息的交换,才能获得生存和发展的现实基础和未来条件。当今企业外部环境复杂多变,信息网络化、电子商务、经济全球化,企业战略竞争环境等给企业发展带来了巨大的冲击。竞争者、竞争规则、行业结构、价值观、新技术等日新月异,这些集中表现为企业面临的环境日益复杂、动态与不可预测性。由于动态融资管理要求企业在融资结构的设计、实施及评估的各个环节上,都要对哪些内外部因素影响企业、影响的方向、性质和程度如何等问题有清楚地了解和认识,以便制定新的融资结构或及时调整企业现行的融资结构以适应内外部环境的变化,做到以变应变,不断提高企业的适应能力,这就需要企业的融资结构演化具有柔性的特征,可以随时根据环境的变化而及时做出调整。

4.融资结构演化体现了企业进化要求

融资结构演化过程涉及企业的环境因素、企业文化、学习能力以及管理机制各个方面,体现了企业进化的内在机理、企业系统结构的变化,体现了企业融资结构的变化及相互作用。企业融资结构演化的即时性和连续性统一体现在企业战略作用于企业进化的某个时点和整个动态进化过程。企业的融资结构演化过程是由无数个瞬时稳定状态组成的动态波动过程,在每个均衡截面上,由于环境变化的相对稳定,要求企业制定出符合此时稳定环境的时段战略;这种在瞬间制定的战略与传统意义上的战略相同,需要企业的高层领导结合外界环境与企业自身的情况制定战略,实施并予以监控。

5.融资结构演化过程是企业融资结构价值创造的形成机制

机制原指机械的构造和工作原理,即机器运转过程中各个零部件之间的相互联系、互为因果的联结关系及运转方式,其引申的含义是指系统结构的构造部件和结合方式以及系统内部的内在本质和功能,即系统运行的必然规律。称融资结构演化是一种机制,原因在于融资结构演化是按照企业的价值追求及各利益相关者的博弈而对企业融资结构促进、维持、控制系统的运行,不同时刻的融资结构演化作用在企业中会产生不同的结果。

根据上述融资结构特征,融资结构理论面临复杂性科学的挑战,主要体现在:融资管理客体运行规律的复杂性;融资结构的复杂性;融资管理主体的观念、认识、心理与行为的复杂性;融资结构系统中的非线性与混沌复杂性;融资结构控制的复杂性;融资管理理念在物本管理、人本管理与知本管理演变过程的复杂性;融资管理理性与人性交融变化的复杂性等。这些都将导致融资结构理论的思想理念、思维模式、哲学观念、理论方法和应用实践等面临复杂性科学的挑战。

第三章 融资结构演化系统复杂性分析

第四章　复杂性科学视角下我国上市公司融资结构影响因素分析

第一节　融资结构演化的自组织与他组织

　　企业融资结构系统演化,既是一种过程,也是一种结果。作为过程的企业融资结构系统演化包含企业对系统外部环境的刺激的感知、解析、回应、行动等,作为结果的企业融资结构系统演化表现为其系统结构、功能、财务价值观、运行机制等的变化。

　　由于企业融资结构系统所面临的是一个动态的、混沌复杂的系统环境,系统主体通过感知环境的变化,对变化因素进行综合解析并采取相应行动,因此导致系统的量变和涌现行为。系统采取了适应环境变化的行动,使系统进入相对稳定状态。因此,企业融资结构系统对外部环境也是逐渐适应的,即企业融资结构系统演化是一种渐进式发展过程。

　　一般来说,组织是指系统内的有序结构或这种有序结构的形成过程。一个组织的生存和竞争能力常常取决于它管理自身复杂性并对外部环境的复杂性做出及时反应并开拓创新的能力。因此在未来,决定商场胜负的唯一因素就是管理复杂性的能力(George 等,2006)。德国理论物理学家 H. Haken 将组织的进化形式分为两类:他组织和自组织。他组织是指一个系统靠外部指令而形成组织;自组织是指不存在外部指令,系统按照相互默契的某种规则,各尽其责而又协调地自动地形成有序结构。在自然界和人类社会中普遍存在着自组织现象。一个系统自组织功能愈强,其保持和产生新功能的能力也就愈强。导致组织演化复杂性增强有很多原因,但是,组织演化过程中所涌现的复杂特性体现了组织不仅能对环境变化产生复杂的反应,也能从简单的规则中产生出复杂的内部相互作用所形成的自组织行为,从而使得组织系统与环境共同进化。

第一,环境(他组织)既能给组织演化带来威胁,也能带来机会,而环境的不确定性更加深化了组织演化的复杂性。虽然传统机械观已经认识到环境的变化,但是从追求有序、稳定而均衡的目的出发,机械式组织更希望通过精确、熟练而详尽的规范,达到经由精确复杂的系统规则去形成一个简单的过程和简单的结果来处理组织问题。致使组织演化呈现复杂性的动因之一就是环境的不确定性。大量的规则、正式化的制度和等级森严的权力结构对环境的详尽描述,使简单的组织演化存在复杂的过程。网络组织认为,只有组织的复杂性大于环境的复杂性时,组织才能驾驭环境,并获得创造与发展。例如通过战略联盟,面对动荡变化的环境,借助柔性松散的结构、便捷的沟通,迅速地集中优势资源,可以起到以变制变的明显效果。

第二,自组织特性加剧了组织演化的复杂性。自组织特性要求组织有充分的能力和资源来实现内部的协调和平衡,并能适应外界环境的迅速变化,实现从不平衡到平衡、从无序到有序的发展,而且组织的自学习、自复制、自适应等自组织形式更是促进了从低级向高级有序的进化。根据协同理论,竞争和合作是组织演化的根本动力。其中,竞争一方面造就了组织远离平衡态的自组织演化条件;另一方面推动了组织结构和功能的优化升级。主动的、有选择的合作促进了组织间的学习,加速了知识的扩散,在提高了组织竞争优势的同时必然加剧其发展的复杂性。

融资结构的演化过程是由宏观和微观两个层面整合而成。低层面的演进总是发生在高层面演进所产生的环境之中,例如企业内部的微观演进总是发生在宏观自然选择所带来的竞争压力之下。我们将融资结构的演化视为一个通过系统层面上的自组织机制来实现的各要素共同演进过程,这一临界状态下的自组织行为包括 4 个方面:(1)环境设计。自组织过程通过能量和资源大规模再分配以实现系统的更高目标。自组织依赖于它所处的环境条件,通过对环境的设计和管理可以间接地影响自组织的动态过程,但如何针对自发行为进行环境设计也就成为问题的核心和关键。环境设计的基本原理是控制系统各成员之间的相互依存关系,从而避免过度复杂性灾难所导致的无法达到系统目标。这种依存关系是动态变化的,而且不完全被视为外生变量。企业融资政策的制定与其环境因素密切相关。并不是所有的企业在任何阶段都会经历自组织过程,只有当企业资金处于临界状态,成为复杂适应性系统时才能触发融资结构的自组织过程。(2)正反馈机制。正反馈或者自我强化机制是自组织过程中至关重要的基本原理。通过正反馈,微小事件得以放大,创新性行为得以强化,新的融资秩序得以逐渐建立并达到相对稳定状态。正反馈的存在还可以驱使融资结构系统保持远离均衡的临界状态,并导致系统产生对初始条件的路径依赖。(3)边界约束。融资结构边界约束机理来自于静态约束和动态约束。静态约束主要包括各种法律、规章以及相应的政府政策对于企业融资产生的约束。企业的制度环境具有双重角色:一方面作为系统的一部分,在自组织过程中围绕企业价值目标演进,是企业内部制度;另一方面,制度可以被设计成不同的形式外在作用于整个系统的自组织过程,保证各利益相关者的利益诉求,是外部制度。此处的静态约束属外部制度约束。动态约束包括外部竞争约束和内部能力约束。外部竞争约束来自于行业竞争、经济周期、金融环境等发展状况。内部能力约束来自于企业的战略导向、公司治理、财务状况与经营成果、发展能力等。融资边界取决于企业融资成本与融资收益的比较。自组织过程是依赖系统所处地域的深层次结构作为其自我强化机制的边界框架,指导决策选择,保持系统特质,进而限定最终结果的产生。深层次结构为系统演变提供了稳定性和连续性,折射出系统不同时期的共性,如共同的价值观念和信仰。与推动系统自组织过程的正反馈相反,边界约束是一种阻碍自组织甚至停止演进过程的衰减机制。(4)结果的不确定性。并非融资结构的演进一定会为企业创造价值。正、负反馈的交互作用会引发多重均衡或非均衡等不确定性结果,这些结果一般无法用因果关系进行准确预测,只能用概率分布加以描述。融资结构演化的关键环节是其处于临界状态并经历自组织的过程。融资结构的最终结果取决于融资决策能否激发自身的自组织过程以及自组织过程能否完成,并促进融资结构向创造企业价值的更高一级复杂适应性系统演进。在这个演化过程中,由于环境设计、正反馈机制以及边界约束的相互作用、共同演进,会产生许多无法预料的结果。同时,融资结构作为一个耗散结构将不断从外界吸收能量,任何微小变化都可能通过正反馈加以放大并对公司融资结构产生重大影响,而融资结构的利益相关者的博弈也将影响融资结构最终的走势。

环境不确定性是反映环境特征的重要变量,它在影响企业适应性方面比行业复杂性和行业规模更为重要,组织必须投入更多的力量,才能适应环境的不确定变化(Anderson & Tushman,2001)。

由于环境变动的动荡性和不确定性,致使融资结构演化本身就充满着复杂性。融资环境的变动带来了融资行为的变化,企业要想在复杂环境中生存和发展,就必须建立起比环境更复杂的组织,即环境复杂性的加剧会提高融资管理的复杂性,因此,融资结构的演化就是不确定性和复杂性不断增加的过程。Dooley(2002)认为引起组织复杂性的复杂环境可以分为内部环境和外部环境:内部环境的复杂性是由于复杂的组织成员、核心技术和运作流程等所导致的;外部环境的复杂性是顾客、市场、供应商、竞争对手、政府、工会和社会组织等对企业的要求。因此,组织的适应性要求组织的复杂性,组织的复杂性提高了组织的适应力。

按照复杂科学的思想,组织和系统应对矛盾的能力并非天生,而是漫长学习过程的结果(Crozier,1973)。当组织和环境发生作用时,企业为了提高对环境的了解而观察和思考以往行为的结果的时候,组织学习就发生了;组织学习的本质实际上就是企业对变化环境的适应过程,学习能力影响着组织对环境的适应性,从而影响着组织的生存能力(李勖等,2003)。Garvin(1993)指出,持续的改进需要持续的学习。在当今竞争激烈且难以预测的复杂环境下,企业必须持续地学习与不断地变革,才能具备应对环境的能力。

融资作为企业的一项组织活动,必须与企业内外环境相适应。企业融资结构的选择应该是一系列、多层次因素影响的动态决策过程(李国重,2007)。

公司的融资结构不可能脱离公司的具体特征而存在,与公司融资结构密切相关的可能因素包括:公司所属行业、公司规模、公司股本结构、公司的盈利能力、公司的成长性、公司的股利分配政策以及公司的平均税负水平等。

任何一个组织演化的复杂性是环境和自组织等因素共同作用的结果。从管理角度,组织演化复杂性的主要步骤如图 4-1 所示。

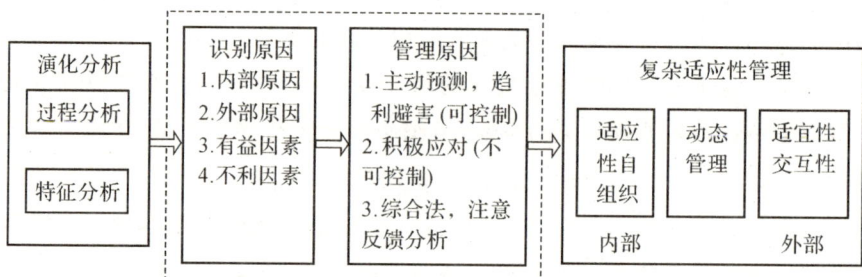

图 4-1　组织演化复杂性管理流程

首先,分析组织演化过程及特征。组织演化方式的选择取决于是否有利于组织的成长,而客观地分析组织演化过程、特征及其复杂性是进行有效管理的基础。其次,识别复杂性原因。可以利用 SWOT 矩阵方法进行分类研究导致复杂性的主要原因及突发原因等。再次,管理复杂性原因。组织演化复杂性既可能是多种原因的叠加所致,也可能是一个原因的多次重复作用,所以要做好综合应对复杂性原因的准备,及时调整发展战略。最后,实施复杂适应性管理。组织要根据自身的内外部复杂性原因,选择相应的复杂适应措施,使得组织的演化途径及行为与复杂性原因相匹配。

第二节　我国上市公司融资结构实践与现状

1990 年 11 月 26 日,经国务院授权,由中国人民银行批准建立的上海证券交易所正式成立,这是新中国成立以来内地的第一家证券交易所。经过 20 多年的迅速发展,到 2013 年年底,深沪两市的上市公司已达到了 2537 家。虽然我国资本市场发展迅速,但对于上市公司的融资结构问题研究则起步较晚。

我国上市公司主要依赖外源股权融资,忽视内源融资和债权融资,这种融资特征与经典融资结构理论存在显著的偏离。从总体上看,我国上市公司内源融资的比例远低于外源融资,亏损的上市公司几乎完全依赖外源融资。虽然很多上市公司的资产负债率较低,但仍把股权再融资作为融资方式的首选,很少有上市公司主动放弃股权再融资的机会。上市公司可能缺之良好的投资项目和成长机会,但仍然热衷于股权再融资,因此这一现象被称为上市公司的"股权再融资偏好"(黄少安、张岗,2001)。

中国上市公司的融资偏好主要体现在公司上市之后再融资选择偏爱配股或增发等股权融资方式,一度出现所谓的"配股热"或"增发热"现象。在1998 年之前,上市公司外部股权融资的唯一方式是配股,自 1998 年开始上市公司才可以选择增发新股融资。表 4-1 描述了 1996—2011 年间在沪深上市的公司股权再融资规模情况,因为增发新股融资的条件比配股宽松,所以在 1998 年之后,越来越多的上市公司采用增发新股融资,融资规模扩张迅速,在 2002 年之后超过了配股融资规模,2004 年开始股权再融资基本是以增发为主。与西方成熟市场相比,由于我国公司上市融资成本非常低,因此导致股权融资在上市公司融资结构中的比重呈上升趋势。

表 4-1   1996—2011 年我国上市公司股权再融资的规模   单位:亿元

年份	1996	1997	1998	1999	2000	2001	2002	2003
配股	27.75	93.39	173.51	196.37	413.51	319.25	46.84	66.79
增发			30.29	54.25	133.16	136.56	158.76	107.40
合计	27.75	93.39	203.80	250.62	546.67	455.81	205.60	174.19
年份	2004	2005	2006	2007	2008	2009	2010	2011
配股	2.62		7.2	12.07		12.55	76.89	7.72
增发	21.31		321.19	474.03	260.75	416.52	765.04	609.37
合计	23.93		328.39	486.1	260.75	429.07	841.93	617.09

从表 4-2 也可看出,我国上市公司中各行业的资产负债率都不同程度地出现下降的趋势,较明显的行业有农、林、牧渔业,信息技术业和传播及文化产业。而且各行业间的资产负债率差异是明显的。我国上市公司资产负债率的行业分布中,负债率最高的 5 大行业(排除以负债业务为主要业务的金融保险业)依次是房地产行业(70.61%),建筑业(66.22%),传播及文化产业(63.94%),信息技术(59.7%),电力、煤气及水的生产和供应业(59.08%)。这些要么就是传统行业,要么就是受政府监管和调控最直接的行业。[①]

———————————

[①]   由于各国和地区的经济、资源和制度环境不同,即使是同类型行业,在不同经济体当中也可能表现为资本结构的差异性,比如在 2010 年,印度电力行业的负债率仅为 20.40%,而日本电力行业的负债率却高达 77.99%;新兴市场航空运输业的平均负债为 48.70%,而印度却高达 73.26%。

表 4-2　2007—2011 年我国各行业上市公司平均资产负债率(%)

行业	2007	2008	2009	2010	2011	平均
农、林、牧渔业 A	75.17	48.88	43.63	37.13	34.78	47.92
采掘业 B	43.91	44.41	48.09	41.27	39.19	43.37
制造业 C	64.71	58.97	51.15	42.54	38.72	51.22
电力、煤气及水的生产和供应业 D	52.81	59.94	62.06	60.01	60.58	59.08
建筑业 E	67.1	70.47	70.24	62.54	60.73	66.22
交通运输、仓储业 F	43.72	46.06	44.64	44.77	43.94	44.63
信息技术业 G	76.32	91.69	50.6	50.65	29.24	59.7
批发和零售贸易 H	63.05	62.4	57.93	58.19	53.75	59.06
金融保险业 I	83.23	82.24	81.98	79.03	73.51	80.00
房地产业 J	71.14	77.03	73.16	68.73	62.98	70.61
社会服务业 K	44.92	46.17	46.42	41.69	35.84	43.01
传播及文化产业 L	73.09	68.5	70.71	73.97	33.44	63.94
平均值	71.60	71.41	70.05	55.04	47.23	

虽然我国证监会多次修改配股和增发政策来抑制上市公司的"圈钱"行为,但由于会计准则和法律制度不完善,有的上市公司通过关联交易、债务重组来达到配股或增发标准,有的上市公司则利用会计准则、会计制度的可选择性和不确定性进行盈余管理(earnings management),也有上市公司甚至通过"造假"来达到配股或增发的目的。因为广大中小股东处于弱势地位,对大股东的"圈钱"行为无法采取相应的约束手段。

第三节　我国上市公司融资结构影响因素及复杂性分析

企业作为现代社会的重要组成部分,它的发展离不开整个社会环境的变化,这些变化包括经济、金融、行业、制度等各种环境的变化。同时,企业内部环境中的各个要素也随时可能变化,如公司战略、公司治理、公司特征等,这些都影响着企业对外界环境的适应。企业系统的发展与演化是在与环境的不断互动中发生的。企业系统内外环境的复杂性直接导致企业发展轨迹、发展过程的多样性和复杂性。

企业融资结构系统演化既受到外在环境因素的影响,根据自身的情况做出相应的战略选择,适者生存;同时也取决于自身适应能力,企业会有意识地改变自身以适应复杂环境的变化。融资结构系统的演化过程实质上就是系统对不断变化的内外部环境做出反应和适应的调整过程。环境因素是企业融资结构系统演进的诱导者、决定者和承担者。

一、外部环境因素

(一)经济环境因素

Korajczyk 和 Levy(2003)是研究宏观经济因素如何影响公司融资结构的第一篇文献,该文运用经济学的直觉和推理,分别建立起权衡理论和优序融资理论框架下宏观经济周期与市场信用风险影响公司融资选择的假设,通过实证研究发现宏观经济良好且股票市场景气时,资金充足的上市公司具有较低的负债率和较强的股权融资偏好,而资金紧缺的公司则具有较高的负债率和较强的债权融资偏好。在 Korajczyk 和 Levy(2003)实证研究的基础上,近年来一些学者尝试对宏观经济因素和公司融资结构进行理论建模,并取得了很丰富的成果。从已有研究可以得出如下结论:(1)企业所处的经济环境对融资结构动态调整有重要影响。一国金融结构的规模、资本市场的发展状况以及税收体系对企业调整优化融资结构具有重要影响(Lööf,2004),而且不同国家的制度特征显著影响企业融资结构调整速度,例如,西班牙公司的融资结构调整速度比美国公司快,原因是西班牙较高的私人债务比例导致公司的交易成本相对低于美国(Miguel & Pindado,2001)。(2)公司融资结构的调整速度与经济发展具有非对称性。经济上行时,融资结构的调整速度较快,但调整幅度更小。具体体现在:经济上行时,如果公司的资金充足,其财务杠杆将下降;但如果公司资金紧缺,那么其财务杠杆将上升(Hackbarth et al.,2006;Levy & Hennessy,2007;Douglas O. Cooketa,2008)。同时,经济因素的时变性导致公司融资结构具有很强的路径依赖性,而且财务杠杆与宏观信用风险密切相关。(3)经济周期影响融资结构的动态调整。这种状况主要源于上市公司融资结构的动态调整是受宏观冲击和自身财务特性的复合效应。作为融资约束型企业,当受到宏观冲击时通常会表现出较为明显的脆弱性:在经济衰退期更多地依赖自身留存资金,无法获得外源融资;由于过于依赖外源性融资,从而导致对融资成本关注度不够,因此,当面临宏观冲击时,向目标融资结构移动的速度会迅速放缓;这类企业的生存和发展不仅受到自身财务特征的影响,而且对宏观经济与政策的波动也极为敏感,常常面临"内忧外患"的处境。在宏观环境恶化的条件下,逆向选择和道德风险加剧,企业融资的代理成本和交易成本上升,必然导致企业融资能力下降,融资结构的调整速度也会受到负面影响。

(4)融资约束程度不同的公司对于经济环境的敏感性也不同。经济环境及宏观政策的波动将会改变企业面临的融资环境,制约企业的融资选择,进而影响融资结构的动态调整。按照现代融资理论,融资约束是指当企业自有资金不足以实施意愿投资转而寻求外源融资时所面临的摩擦。融资约束型企业一般难以获得外源性融资,其投资主要依赖自身现金流,因而外源融资瓶颈制约了企业再投资决策。融资约束效应来自两个方面:一是外源性融资形式的成本效应,二是外源性融资规模受限效应(闵亮等,2011)。但融资约束程度不同的公司在融资时对于两种融资约束效应关注程度不同;融资约束型企业,一方面对外源融资的需求强烈,另一方面受到明显的资金配置,导致其对融资成本的关注度相对较低,融资结构的调整更多地受到信贷、股权再融资配额性指标的刚性制约;非融资约束型企业外源融资渠道广泛,更注重成本效益原则,而对成本性指标的变动更为敏感。

(二)金融环境因素

伴随 20 世纪 80 年代初开始的市场化改革进程,我国金融体制的改革逐步深入,取得了很大的成就。在计划经济时期,银行的主要任务是配合财政部完成资金的调拨,银行信贷资金的安排完全受政府计划控制,没有商业化运作。1983 年,中国人民银行成立并分离出中国工商银行从事工商信贷和储蓄业务,开始了我国商业银行改革的实质性启动。之后,中国人民银行正式改组成为中央银行,四大专业银行逐步向与市场经济相适应的商业银行转变。加入 WTO 后,中国的金融体制和商业银行改革大大加速,目前已初步发展形成以中央银行为货币政策制定者,银监会为监管者,国有商业银行为主体,中资、外资、合资并存,多种所有制银行共同发展的格局。目前国内银行业的竞争日趋激烈，[①]为适应市场经济发展的需要，商业银行市场化运作的水平也在不断提高。

虽然我国金融发展水平总体上不断提高，国有商业银行在市场化转型方面取得了显著进步，但由于历史条件、地理位置和国家政策等的不同，各地区金融发展水平还很不平衡。例如一些沿海省份的金融业市场化水平较高，商业银行的信贷行为比较市场化；而一些省份的银行的信贷行为受地方政府等其他因素影响较多，金融业市场化水平较低。例如，上海市由于自身优越的条件和国家政策的倾斜，无论是金融发展的深度和广度、金融体系的健全度以及金融环境的完善度等方面，都居于全国前列。

近年来，金融发展水平对公司融资结构具有重要影响的观点已得到很多专家学者的认同。一些研究表明，地区的市场化进程对上市公司所有权结构与公司价值的关系以及公司的债务期限结构具有重要影响（夏立军等，2005；孙铮等，2005）。孙铮等（2006）的研究还发现，只有在市场化程度较低的地区，所有权性质才对会计信息、债务契约的有用性产生显著影响；因此，考虑到我国各地区金融发展程度的差异，各地区债务治理作用的发挥程度可能是不一样的，从而债务融资对公司价值的影响也不尽相同。唐松等（2009）运用新制度经济学的基本理论，选取 2000—2006 年 7 年间沪深两市的非金融类 A 股公司为样本，从企业层面实证分析了金融发展对经济增长的微观作用机制；研究发现，若债务比例增加 1%，金融发展水平高的地区与低的地区相比，公司市场价值平均多提高 0.54%，并且，债务融资与公司价值的正相关关系只在金融发展水平高的地区才存在；这表明，金融发展程度对债务治理作用的发挥有重要影响，公司所处地区的金融发展程度越高，债务治理的作用越强，越有利于提高公司的价值；该研究拓展了以往的跨国研究，深入企业这一层面考察了金融发展水平对债务治理作用的发挥进而对企业价值的影响，将金融发展与经济增长有机地联系到一起，为我们理解金融发展促进经济增长的微观作用机制提供了一个有益的视角；同时，也为制度环境影响公司融资结构的同类文献给予有益补充。

随着市场化改革的不断深入，我国金融体制改革也不断加快。金融改

---

① 中国目前有工商银行、中国农业银行、中国银行和中国建设银行四大国有商业银行，12 家股份制商业银行（除上述四大商业银行外），100 多家城市商业银行、1000 多家城市信用合作社、35000 多家农村信用合作社以及近 200 家外资银行的营业性机构。

革使得银行的自主性大大提高,银行信贷决策更加市场化,贷款的发放将更多地依据企业的经营绩效、负债水平等硬性因素(林毅夫、李志赟,2004)。近年来,由于我国股份制商业银行快速发展,使得企业的融资渠道增加,能够更加快速、便捷地获得信贷资金,这为企业及时调整融资结构创造了良好的供给环境,使得企业融资结构具有更快的调整速度和更低的目标偏离程度。

新制度经济学认为,产权制度作为一种基础性的制度,构成了市场制度以及其他许多制度安排的基础。Alchian(1965)指出,产权的不同界定给人们提供了不同的激励——约束机制。如果产权界定不清晰,人们在使用资源时就面临着他人分享其收益或者替他人承担成本的风险,这种状况使得人们没有足够动力去有效使用资源。如果产权界定清晰,人们使用资源所产生的收益和成本完全由其个人承担,因而有动力促使人们将资源的使用效率最大化。如前所述,由于我国各个地区的金融发展水平存在明显差异,因而不同地区的银行所面临的激励——约束机制不尽相同。在金融发展程度高的地区,银行与企业的产权关系相对比较清晰,银行作为较为独立的市场参与主体,受到政府干预等非利益最大化因素的干扰较少,其贷款决策的收益和成本由银行自身承担,因而银行会非常关注贷款的风险和收益,以及企业贷款的使用和偿还情况。金融发展水平越高的地区,金融市场的竞争越激烈。因此,在金融发展水平高的地区,银行为了追求自身经济利益最大化,有较强的激励通过信贷发挥对债务人(企业)的治理作用。企业由于有银行监督及必须按时还款付息的压力,必然更加注意贷款资金的使用效率并努力经营,从而有助于企业价值的提高。

此外,新制度经济学认为,即便在产权清楚界定的情况下,契约的签订和顺利执行还是会受到交易成本的重要影响,交易成本的大小直接决定了契约的形式、内容与执行(Coase,1937;Cheung,1969;Demsetz,1964;等等),而良好的法律制度和发达的市场中介组织可以降低交易成本。一般情况下,金融发展水平高的地区其法律制度也比较完善,市场中介组织也比较发达,因而交易成本较低,债务治理的作用比较有效。而在金融发展水平低的地区,或者法律制度不健全、市场中介组织不发达地区,交易成本一般较高,债务治理作用也大大削弱。

(三)行业特征

不同行业具有不同的特征,其经营方式、融资模式、市场结构、行业的竞争性程度、行业周期以及所受国家政策的影响等都存在差异,因此其融资结构自然也会存在差异。比如以美国市场为例,医药食品、仪器设备等行业具有较低负债率,纺织、钢铁、航空等行业具有较高的负债率,而电信、天然气等受管制的行业,其融资结构中的负债率最高(Harris & Raviv,1991)。企业的融资能力、税收以及破产的可能性等都与企业所处的行业密切相关。例如,现金流水平取决于公司所面对的行业竞争结构、行业生命周期、消费者群体、原材料市场和劳动力市场;债务成本受到公司生产经营、风险水平的影响;折旧等税盾和抵押借款能力都受到公司资产种类的影响;因此,公司的融资结构决策在很大程度上会受到行业特征的影响(DeAngelo & Masulis,1980)。

虽然我国行业特征由于宏观环境、成长历史和所处产业生命周期等方面的不同,从而对企业融资结构的影响和西方国家有明显不同(林钟高等,2002),但大量实证研究均认为公司所处行业对公司融资结构具有重要影响(郭鹏飞、孙培源,2003;袁卫秋,2004;姜付秀等,2005;王军、方茜,2008;闵丹等,2008)。其中,行业竞争状况及行业生命周期是影响企业融资结构的重要行业特征。

迈克尔·波特认为,一个行业中存在着5种基本的竞争力量,即新进入者的威胁、行业间现有企业之间的竞争、替代品的威胁、供应商讨价还价的能力、用户讨价还价的能力。这5种竞争力量的现状、消长趋势及其综合强度,决定了行业竞争的激烈程度。战略财务观认为,行业竞争结构影响企业的融资结构决策,同时企业的融资结构也会影响其在产品市场中的竞争行为和竞争能力。无论是理论界还是实务界,企业所在行业的竞争状况一直被认为是影响企业决策的一个重要因素(Leibenstein,1966)。Brander 与 Lewis(1986)研究表明,企业在产品市场上的行为受企业的融资结构影响,同理,企业在产品市场上的表现和绩效也影响着企业的财务决策。

与此同时,企业在某一特定方面表现出的战略差异显然取决于行业(迈克尔·波特,1980)。在一个行业演变过程中,尤其是在行业的成长阶段和成熟阶段,往往会有不同类型的入侵者在不同的时间加入这一行业,使行业的竞争状况不断地发生改变。因此,在行业不同的发展阶段,由于行业特征具有较大的差异性(如技术的成熟度、产品的成熟度、顾客的忠诚度以及市场容量等),企业要想获得竞争优势并取得良好业绩,就需要根据行业特征进行调整融资结构的决策,采取适当的竞争战略。

现实中,由于各种原因使得各个行业的竞争状况会存在着一定的、有时甚至是显著的差异,而这些差异必然影响到企业包括融资结构在内的各种决策。在那些缺乏竞争的行业,企业可以凭借垄断地位或市场势力,很容易获得很好的经济效益,从而使得他们没有动力采取措施降低成本,包括资本成本(Jensen,1986),因此,在这些行业里,企业的融资结构决策可能更加随意,使得企业之间的融资结构的离散程度较大。而在那些竞争非常激烈的行业里,公司将更加重视其经营和财务战略,为防止竞争对手采取策略性行为使公司陷入财务困境,行业内公司之间的融资结构决策可能会有一定的相似性。对此,公司战略经济学以及战略公司财务理论都给出了很好的说明与解释。而且,行为金融理论及相关实证研究也表明,"随大流"对公司而言是一种安全的策略,行业里的公司可能会采取跟随战略,模仿领导企业或行业的平均水平,来选择其融资结构。

行业生命周期是指行业从引入到衰退所经历的时间。按照传统的分类方法,行业生命周期主要包括引入期、成长期、成熟期、衰退期4个发展阶段。在行业生命周期的不同阶段,经营特征和财务特征各不相同。企业应根据不同阶段的特征,合理安排融资结构。Bender 和 Cranfield(2002)在 *Corporate Financial Strategy* 一书中指出:在整个行业生命周期延续的过程中,企业的经营风险在下降,财务风险在上升;在引入期和成长期,经营风险较大,财务风险较低,企业融资应以权益资本为主;在衰退期,经营风险较低,财务风险较大,应更多地采用债务融资;而成熟期,经营风险和财务风险都处于中等水平,可以选择中等程度的财务杠杆。

通过对经营风险和财务风险的全面考察,结合已有研究结论,可以发现行业生命周期与企业融资结构一般具有如下对应关系,如表4-3所示。

表4-3 行业生命周期与融资结构的战略关系

行业生命周期	经营风险	财务风险	融资决策	负债率
引入期	很高	很低	权益融资为主	低
成长期	高	低	权益融资为主	较低
成熟期	中等	中等	债务与权益并重	中等
衰退期	低	高	债务融资为主	较高

行业的监管政策和其他相关政策法规是行业内公司外部经营环境的一个重要方面,监管政策和具体措施的变化及其可预测性将直接影响到公司所处行业的结构调整、竞争状况和发展潜力,从而对公司未来偿付能力造成影响。

(四)治理环境因素

公司治理环境因素包括内部治理环境因素和外部治理环境因素,本部分仅指外部治理环境因素。公司外部治理环境如法律、税收、经济政策等深刻影响着公司的融资状况,反映了政府对企业监管的基本要求。对外部治理环境研究最活跃的一个领域是国家的法律结构与公司金融之间的关系(La Porta et al.,2000)。各国的法律制度与投资者保护程度具有相关性,而投资者保护程度影响了金融市场的发展(La Porta et al.,1997;Pagano & Volpin,2005)。各国之间的外部治理环境有着巨大差异,这种差异导致金融发展和公司治理也各不相同。中国自1978年开始从计划经济向市场经济转轨,但在各个地区的市场化进程是很不平衡的,有些省份的市场化已经取得了决定性的进展,而有些省份的经济中非市场的因素还占有重要的地位。这种不平衡性导致了各地区之间公司外部治理环境产生了巨大差异(樊纲等,2006)。关于公司金融与公司治理的研究表明,如果外部治理环境较好,公司能得到外部融资的渠道会更多,公司负债能力将变得更强,融资约束更少,因此外部治理环境好的公司相对于外部环境差的公司能借到更多的债务,其负债水平更高。另外,由于公司能有更多外部融资渠道,当有较好的投资机会时,公司负债能力增强使公司更有可能获取充裕的资金进行投资扩大生产,甚至可能利用外部融资优势采取积极的竞争策略来攻击竞争对手。

在影响企业融资结构决策的外部环境中,制度背景受到了学者们的高度重视,并成为研究领域的一个重点。已有文献从税收、法律、资本市场发展、所有制等制度方面进行了深入的研究,产生了大量的学术成果,从而极大地丰富和发展了融资结构理论。

中国市场化改革是研究企业行为必须重视的一项重要制度背景。伴随着中国经济的快速发展,市场化改革在不断推进,市场在资源配置方面发挥着越来越大的作用。

我国在计划经济时期,政府对经济的干预很强,银行贷款决策受政府很大影响,政府也直接或间接地参与企业经营,此时的企业融资结构决策不能完全依照企业目标进行。从 20 世纪 90 年代开始,中国的市场经济地位逐步确立,市场化进程不断加快。因为市场化的最终目标是通过市场手段对资源进行合理配置,必然对企业的融资行为产生影响,进而影响到融资结构的动态调整。从企业来看,伴随市场化进程的发展,政府对企业的干预逐渐减少,而随着企业的经营自主性提高,公司内部治理机制也不断优化,从而使企业的融资决策更加市场化与科学化。已有研究表明,随着国有企业产权改革和经营机制改革的不断进行,国有企业的政策性负担逐步剥离、减轻,政府干预的降低导致企业履约成本上升以及预算软约束更加硬化(陈钊,2004;孙铮等,2005)。从公司治理方面来看,市场化改革强化了经理薪酬契约,提高了国有企业经理薪酬与企业业绩的敏感性(辛清泉、谭伟强,2009)。进一步地,市场化进程还决定了国有企业的公司治理结构(夏立军、陈信元,2007)。企业的融资结构反映了企业价值与风险的匹配关系,为了应对激烈的市场竞争和降低财务风险,完善公司治理机制,提高市场竞争能力,企业必将关注自身的融资结构,减少融资结构目标的偏离程度,加强融资结构向目标水平调整的能力。

发达国家公司治理经验表明,在市场经济条件下,一个健全、有效的控制权市场及依托在这个控制权市场上有序的控制权争夺机制,对企业的生存、发展及提高企业价值等方面都是不可缺少的。证券市场上的公司控制权竞争,能够促进资本有效地重新配置,优化公司融资结构,形成对公司董事和经理的外部市场约束。因此,政府非常有必要培育与完善公司控制权市场竞争机制。

融资结构与政府监管的关系本书将在第五章重点阐述。

(五)债务税盾[①]

所得税税率是影响公司融资结构的宏观因素之一,属法律制度范畴。鉴于其对企业融资结构的特殊影响,在此单列讨论。

经济学家很早就意识到税收对公司融资的影响,因为债务融资的利息

[①] 税盾,包括税前可扣除项目和税收抵免项目两部分。"债务税盾"指的是企业在生产经营活动中发生的利息支出,并可以在税前扣除的部分。

支付可以在税前扣除,而股利只能在税后支付,即负债融资具有税收盾牌(tax shield)效应。虽然我国上市公司大部分都执行统一的公司所得税率,但也有很多上市公司能够获得各种各样的税收优惠,如一些高新技术企业和一些区域内的企业等。此外,一些地方政府为吸引投资,往往会给注册在当地的上市公司各种各样的税收优惠政策。同时,由于税收制度的不健全和征管工作的不完善,导致上市公司的实际税率也并不完全相同。

2008年之前,我国企业按所得税率划分主要有两类:一类是税率为33%的企业,税制改革后该类企业的税率降低到25%;另一类是税率为15%的企业,主要包括外商投资企业以及其他享受地区、产业优惠政策的企业,税制改革后这些企业的税率提高到18%。不考虑其他因素,仅从税率角度来看,改革后税率降低使企业的实际税率下降,债务的税盾效应减少,企业的负债融资的积极性下降,因此企业债务水平将降低;反之,改革后税率提高将导致企业的实际税率提高,债务的税盾效应增加,企业负债融资的积极性提高,因此债务水平将提高。根据De Angelo和Masulis(1980)提出的"替代效应"假说,税法改革使得"与投资有关税盾"①的使用空间的增加,这将使得企业的债务水平降低。此外,依据Dammon和Senbet(1988)提出的"收入效应"假说,企业可以使用的"与投资有关税盾"空间增加将促进企业的资本资产投资,进而增加企业的债务融资需求。国内学者彭程和刘星(2007)的研究也发现了"收入效应"存在。

从委托代理关系的角度,国有企业与非国有企业之间存在很大的差异,这导致两类企业税收筹划动力不同:(1)从企业委托人(股东)角度来看,国有企业控股股东既是企业的所有者,又是企业税收的收益者,因而企业税收收益以及利润收益的受益者都是国家。利润与税收从本质上讲对政府没有区别,都会使国家财富增加。但由于非国有企业与政府之间在税收上存在着利益分配的关系,必然会产生委托人对非国有企业与国有企业不同的税收筹划要求。此外,国有股权的存在,为政府干预企业提供了途径(Spiller,1990;Shleifer & Vishny,1998),而政府干预常会带来政府目标与企业目标之间的冲突:一方面,作为企业的控股股东,伴随着企业价值最大化,政府将

---

① "与投资有关的税盾"指的是与资本资产投资相关的税盾,例如,折旧的抵扣以及投资的税收抵免等。

从企业价值最大化中获益。另一方面,政府承担着其他的社会目标(如经济发展和社会稳定等)。为了实现这些目标,政府往往需要国有企业的参与(比如政府需要国有企业在税收支付、承担就业等方面给予支持),这导致国有企业在进行决策时往往会放弃公司价值最大化的目标。因为国有企业还承担着其他社会责任,客观上会使国有企业对税收筹划关注不够,相反为保障财政收入的稳定还应该积极纳税。非国有企业的目标是实现公司价值最大化,因而其降低税负的要求要高于国有企业。一般情况下,在名义税率相同的情况下,国有股权比例越高,企业所得税负担越重(吴联生,2009)。(2)从企业代理人(管理者)角度来看,国有企业管理者的身份通常带有很强的行政色彩,而非国有企业的管理者往往就是公司的大股东,两者身份上的差异将使得两类企业在税收筹划行为上有很大不同。政府对国有企业具有行政上的"超强控制"(何浚,1998),国有企业管理者要承担大量的行政职责,对外披露的财务报告利润是其"政绩"的主要表现方式,直接关系到企业管理者的升迁。现实中,国有企业委托人和代理人之间的信息不对称性非常严重,但在非国有企业中,由于公司管理者往往也是公司的大股东,且管理者的自身利益也与公司价值最大化的目标密切相关,因而信息不对称程度远低于国有企业。按照 Scholes 等(2005)的有效税务筹划理论,国有企业管理者进行税收筹划面临着更高的财务报告成本,而非国有企业财务报告成本要低很多。综合以上分析可以认为,国有企业较之非国有企业税收筹划行为更为保守,郑红霞、韩梅芳(2008)以及王跃堂等(2010)研究都支持了这一观点。因此,国有企业应增强税收筹划意识,适度地进行负债融资,以充分利用负债的税收效应,进而优化企业的融资结构。

我国现行所得税法的立足点在于充分发挥市场对资源配置起基础性作用的前提下,通过税收政策促进生产要素的自由流动,通过营造统一的税收制度环境来推动各种市场主体公平竞争,其目的在于促进产业结构优化和升级,实现经济发展方式的有效转变。由于公司债务融资存在税收利益,因而企业会具有提高负债的税收动机。但需要指出的是,公司进行融资决策时不仅要关注债务税盾,而且还要关注非债务税盾对公司价值的影响。非债务税盾(如固定资产折旧、无形资产摊销、长期待摊费用的摊销等)的存在,使得公司也能达到与债务税盾类似的所得税减免的目的。因为公司计提折旧的固定资产,计提摊销的无形资产一般都是投入到生产经营过程之中,所以不会产生闲置成本,这点与债务税盾不同。同时,因为折旧和无形资产摊销都属于非付现成本,在计算现金流时,可增加企业现金流量,改善企业的经营状况和现金净流量,有助于增加公司价值。

二、内部环境因素

毫无疑问,公司财务状况与经营成果是影响融资结构的重要因素,但除此外,还应考虑以下因素。

(一)公司战略

战略作为公司中最高层次的管理活动,其本质是公司与环境互动的机制,好的战略有助于帮助公司适应外部环境,成为适应性组织。战略作为公司与外界环境互动的机制,要求公司管理的各个环节和方面共同协作,相互配合,实现自身机能。公司战略必须适应外部环境,并且在适应外部环境的过程中寻找自己生存和发展的位置。正是这种战略与环境的互动过程,促成了组织的适应性。多样的战略能使组织实施更多的战略活动以应对环境复杂性。公司战略决定了融资结构与融资方式。

从 1958 年 Modigliani 和 Miller 的 MM 理论建立以来,融资结构理论相继诞生了大量富有成效的研究成果。但在实践中,公司在权益融资与债务融资之间如何进行权衡选择,公司融资结构会受到哪些因素的影响等,这些问题仍困扰着世界各国的专家学者。因此,一些学者尝试从战略管理角度研究公司的融资结构。到了 20 世纪 80 年代,融资结构研究已引起战略管理学家的广泛关注。基于公司战略的视角来考察公司资金筹措问题,如何设计合理的融资结构已成为公司最基本的财务决策,这一决策要支持公司的长期战略并与其保持一致。这说明公司的融资结构会受到其所采用的战略的影响。将公司战略和融资结构结合,开辟了融资结构研究的一个新领域,迄今这一领域的研究仍方兴未艾。

公司战略主要用于解释同一外部环境下的公司行为差异。Hambrick (1983)将战略视作"一系列决策(过去的或已有的)的模式,这些决策指导组织与外部环境相协调,并且形成内部政策和程序"。更进一步地,Manu 和 Sriram(1996)把战略明确定义为:"一个组织为寻求更有利的配置,如何运用战略以适应并(或)改变环境。"公司融资战略往往与融资管制等制度性因素紧密联系,因此,可以将公司融资战略定义为:公司为实现价值创造,在适应融资监管前提下所做出的融资总体策划。

公司的竞争战略将决定公司的投资决策(Chandler,1962),投资决策又将影响公司的融资选择(Williamson,1988),那么,不同的战略就需要有一种合适的融资结构与之对应(O'Brien,2003)。融资选择问题是高层管理者的财务功能决策,其本身也是公司战略的重要组成部分,融资结构应当和公司的长期战略保持一致(Andrews,1980;Barton et al.,1987)。公司融资结构是公司高层管理者,在分析外部的威胁和机会以及内部的优势和劣势后所作出的一种选择,这种选择反映了管理者的价值观和目的,例如管理者对风险的态度、在决策中的控制能力和弹性(Barton & Gordon,1987)。基于Rumelt 和 Wrigley 的战略分类法,Barton 和 Gordon(1987)以 1970—1974年间美国财富 500 强中的 279 家公司为样本,考察了公司战略与融资结构与之间的关系;研究认为,公司战略对融资结构有重要影响;采用单一化战略和相关多样化战略公司的债务水平最低,追求主导型战略公司的债务处于平均水平,而采用非相关多样化公司的债务水平最高。Kochhar 和 Hitt(1998)的实证结果表明,相关多样化战略宜采用权益融资,债务融资更适合于非相关多样化战略。我国学者顾乃康和宁宇(2005)的实证研究也表明,不相关多样化公司的负债水平显著高于相关多样化公司。

上述研究结果与 Barton 和 Gordon 关于融资结构行为观的假设基本相符,也符合交易成本理论的预期,原因主要在于:(1)管理者出于分散风险及放弃衰退业务的目的,会选择多样化的战略。尤其是实施不相关多样化的公司,因为各业务单元之间的现金流或回报率相关性较弱,公司面临的经营风险更低。公司在特定时期可承受的总风险一定的情况下,经营风险的降低使公司可以承担更高的财务风险,由此导致公司使用更多的负债融资。(2)多样化战略类型的选择依赖于公司资产的专用性水平。拥有大量专用性的无形资产的公司,趋于向相关的业务领域扩张,更可能采用相关多样化战略(Chatterjee,1991);如果公司采用不相关多样化战略,说明公司拥有较多的非专用性资产,即资产的专用性与业务的相关性程度正相关。按照交易成本理论关于资产专用性与融资方式选择之间关系的研究结论,可得出相关多样化战略更可能采用权益融资,而非相关多样化战略则适合债务融资的结论,即公司的债务权益比与业务的相关性程度负相关。

基于公司竞争战略角度来考虑,如果企业选定了某种类型的业务,就要确定应该如何在这一领域里进行竞争或运行。融资结构在企业的产品市场竞争中具有战略作用,已有的理论和实证研究都指出融资结构对企业产品市场竞争能力有重要影响,与企业的融资能力密切相关。当企业融资不受限制时,由于股东利益与债权人利益不一致而导致的有限责任效应,高负债将使企业在产品市场中采取更激进的竞争策略,从而占据更多的市场份额(Brand & Lewis,1986;Showalter,1999)。但如果企业面临融资约束,过高负债将使企业在产品市场上更容易被资金充裕,即具有"深口袋"(deep-purse)的竞争对手实施"掠夺"(predation)战略,从而弱化企业的市场竞争力(Bolton & Scharfstein,1990;Chevalier & Scharfstein,1996;姜付秀、刘志彪,2005;李科、徐龙炳,2009)。由于持续的创新越来越成为企业获得竞争优势的基础,Jordan 等在迈克尔·波特提出的两种基本的竞争战略类型:差异化战略和成本领先战略基础上,又提出了第三种竞争战略即创新战略,并以中小企业为研究样本对竞争战略和融资结构之间的关系进行了实证检验,结果显示,追求创新战略的企业债务水平最低,采用成本领先战略的企业具有较高的负债水平。Brien(2003)也发现债务比例与企业的创新程度显著地呈负相关,企业越是依赖创新战略,其财务杠杆越低。如果企业在追求创新战略的同时保持较高的杠杆比例,会显著地损害企业的业绩。王任飞(2004)研究认为,采用创新战略的企业越是依赖于创新型投资项目来保持和增强企业的核心能力和竞争优势,企业越是倾向于采用低杠杆率的财务结构,以此减轻来自债权人的压力;同时,企业所遇到的市场环境越是不利,企业也越倾向于较松弛的财务结构。

企业为了获得竞争优势,必须对其独有的、竞争对手难以模仿的专用资产进行投资,而如何筹措专用资产投资所需资金,就关系到融资结构决策问题。国内外已有相关研究成果表明,企业的战略类型、企业所面临的竞争环境、为企业所特有并能获得持久竞争优势的专用性资产、企业管理者对风险的态度等战略因素对企业融资结构有着重要的影响。因此,企业的融资结构决策是基于公司战略、竞争策略以及企业所面临的环境所作出的理性选择。但是,目前针对战略、环境与融资结构之间的关系探讨,理论预期与实证检验都不尽相同。如何建立基于战略视角的融资结构一般理论并进行更深入具体的实证检验,也是一个重要的研究课题。尤其我国企业目前正处于转型期,面临着工业化、信息化和全球化的多重挑战,我国企业所面临的环境更具动态性与复杂性。因为企业的战略管理和融资结构决策过程变得更加复杂,所以,非常有必要深入研究战略、环境与融资结构之间的相互影响关系,为我国企业在融资决策和战略管理中如何有机结合,以获得竞争优势并达成企业目标提供理论指导和决策借鉴。

企业战略(尤其是融资战略)体系应具有柔性和适应性,使组织通过分析急剧变化的外部环境中的机会与威胁,实现融资结构的优化,谋求组织的生存与发展,并在竞争环境中占据有利地位。对不同企业而言,它所需要培育的复杂适应性是不同的。企业的不同组织复杂性模式对应不同的复杂适应类型,而不同的组织复杂性又是由不同的环境因素和战略选择产生的(刘洪,2007;吕鸿江、刘洪,2010)。所以,处于不同复杂环境和不同战略导向下的企业往往会更适合培育一些不同的复杂适应机制。我国目前正处于特殊的转型经济环境,行业管制的逐步放开以及政治体制的缓慢变化等诸多因素构筑出独特的经济环境,这一环境使得企业的战略选择也具有了一定的特殊性。战略与复杂适应性之间存在着密不可分的关系(吕鸿江等,2012)。

企业融资战略管理活动是一个不断循环的过程,见图4-2。

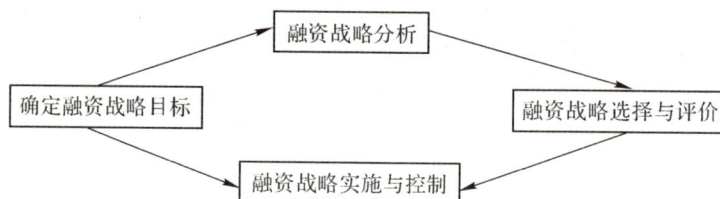

图 4-2   动态融资战略管理过程

在每一次融资过程中,企业首先要明确企业的战略目标及融资目标,如企业的经营方向、投资规模、经营范围、资金需求和指导思想;其次进行融资战略分析,即把企业的外部环境和内部实力结合起来进行分析、评价,并预测这些环境未来发展的趋势,以及这些趋势可能对企业造成的有利和不利的影响;再次进行融资战略选择及评价,即对提出的可行的融资结构决策方案进行筛选,选择适合企业自身的融资方案;最后是进行融资方案实施与控制,对实施的实际成效与预定的融资目标进行比较控制。由于环境的复杂性等原因,需要重新审视制定的融资方案,不断进行调整,最后投入实施中。如此看出,融资结构演化是一个动态的、不断循环的过程。

企业为有效面对和适应不同复杂性,要主动了解并预期所处的环境特征并选择适当的战略导向,进而认清自身的组织复杂性程度,有的放矢地设计融资结构,使企业获得长期竞争优势。

（二）企业融资偏好

融资偏好影响企业融资结构。基于对称信息的融资结构理论,基于信息不对称理论的优序融资理论,基于信号理论、代理理论、所有权与控制权、市场竞争结构、企业成长条件和行为金融学的融资偏好等理论都对此有深入的研究成果。尤其是 Myers 和 Majluf(1984)的优序融资理论,提出了企业融资通常都遵循所谓的"啄食顺序",即先内源融资、再外源融资,在外源融资中优先考虑债权融资,不足时再考虑股权融资。国外的许多实证研究,如 Titman 和 Wessels(1988)也验证了 Myers 和 Majluf 的这一结论。但我国许多学者的研究发现(陆正飞、高强,2003;林凡,2007;姚利辉等,2010),中国上市公司融资行为却呈现出与发达国家上市公司截然不同的融资偏好,主要表现为先外源融资、后内源融资,重股权融资、轻债权融资。

在融资来源选择上,中国上市公司更偏向于外源融资来满足资金需求。发达国家的上市公司内源融资约占资金来源的 44%～77%,而中国上市公司的外源融资在融资结构中占主导地位,比重高达 72.52%,内源融资的比重仅为 27.48%(魏成龙等,2008)。在股权融资与债权选择上,中国上市公司更倾向于股权融资。从融资结构来看,中国上市公司的融资结构表现为资产负债率较低、流动负债占负债总额比重较高、长期资金来源中权益资本比重较高等特征。

我国上市公司融资偏好的形成既受到环境因素的影响,也取决于不同利益相关者的融资偏好。

影响我国上市公司融资偏好的环境因素包括外部环境因素和内部环境因素。其中外部因素主要有政策环境因素和市场环境因素。在政策环境因素中,目前我国证券市场制度建设还不够健全,上市公司的机会主义行为成本较低、股权融资的私人收益偏高;证券市场监管对上市公司的融资行为有着直接的影响,但我国证券市场的监管制度未能对上市公司控制人侵占其他投资者利益的行为进行有效制约,大股东控制的"隧道效应"(tunneling effect)①现象较普遍存在,对上市公司不合理的融资偏好无法抑制。在市场环境因素中,现有的证券市场制度并没有为控制权市场充分发挥作用提供良好的外部条件,控制权市场上对上市公司实际控制人将股权融资作为"圈钱"的制约作用还很有限;中国经理人市场不发达,使其在公司治理中的作用没有得到有效发挥;债券市场作为一项外部治理机制应是影响上市公司融资偏好形成的重要因素,但由于中国的债券市场还很不发达,债权人还没有达到与上市公司对等博弈的实力,债权人对上市公司融资偏好的形成也没有起到应有的作用。影响我国上市公司融资偏好的内部环境因素主要有公司特征因素和公司治理因素,这些内部影响因素既具有一般性的特征,又具有中国的特殊性。特殊性主要体现在:上市公司在股权分置的格局下,股权结构,特别是非流通股比例成为影响融资偏好的重要因素,大股东与内部控制人在融资偏好上有严重的"圈钱"倾向;我国特殊的融资政策环境使上市公司的盈利能力成为融资偏好的重要影响因素;税盾、非债务避税等因素对我国上市公司融资偏好的影响方向和国外上市公司正好相反。

在上市公司融资偏好的形成过程中,利益相关者的利益实现情况主要取决于他们各自掌握的融资决策权。在中国现有的股权结构和公司治理框架下,大股东或经理层(控制人)掌握了大部分的融资决策权,他们在融资决策中发挥实际上的主导作用,上市公司的融资偏好将主要体现他们的利益取向和融资偏好。所以,中国上市公司融资偏好形成机制的主要原因是控制人主导。我国上市公司融资行为直接的利益相关者主要有非流通股控股股东、非流通股非控股股东、流通股股东和管理层。不同利益相关者的融资偏好不尽相同。因为与上市公司融资行为相关的利益机制主要有盈余分配机制、股价机制、净资产增值机制和控制权收益机制等,这些利益机制对不同利益相关者的影响是不一样的。如盈余分配机制反映了老股东与新股东的利益关系,股价机制反映了前股东与现股东之间的利益关系,净资产增值机制反映了流通股股东与非流通股股东之间的利益关系,控制权收益机制反映了控股股东和非控股股东之间的利益关系。上市公司的融资行为通过

---

① Johnson 等(2000)形象地把大股东侵害现象描述为"隧道效应",即控制性大股东总是会通过种种手段挖掘见不得阳光的地下隧道,挖走中小股东手中的财富,从而获得巨大的隐性收益。

各种利益机制对利益相关者的潜在利益产生不同的影响,利益相关者出于对自身未来利益的预期,形成了他们各自独立的、甚至相互冲突的融资偏好。由于内在利益的驱动,非流通股控股股东的股权融资偏好最强,非流通股非控股股东次之,他们的股权融资偏好都高于最优股权融资偏好;流通股东的股权融资偏好最弱,他们的股权融资偏好基本接近于最优股权融资偏好;管理层的股权融资偏好一般情况下也高于最优股权融资偏好(魏成龙等,2008)。

(三)公司治理

公司治理结构主要包括大股东治理、机构投资者、管理者持股和外部独立董事等等。他们形成有效的公司治理结构,对于改善企业的融资结构有重要的作用,影响公司融资结构优化的决定。融资结构通过公司治理在公司委托人(股东和债权人)与代理人(内部经营管理者)之间形成有效的激励约束机制,解决相关人的利益冲突,能最大限度地提高公司价值。同时,融资结构也影响着公司治理结构即所有权的安排。由于股权和债权均对公司形成控制权,两者具有不同的控制权形式,共同构成了公司治理结构的基本内容。股权控制和债权控制都可能会失灵,但两者控制权的有机组合可完善公司治理结构。

公司治理结构对于企业融资行为具有重要影响。根据现有理论和实证研究的结果,由于委托代理机制导致的管理者额外津贴、过度投资、挥霍浪费、盲目多元化或者财务保守等行为都会直接或间接影响公司的融资决策。完善公司治理机制可以有效规制管理者的行为,促进公司融资结构优化,增加公司价值。Shleifer 和 Vishny(1997)认为,一定集中度的融资结构或者债权结构将有效地防止管理层侵占所有者利益,并且该方法同加强对中小股东的法律保护一样,都可形成有效的公司治理结构。根据现代公司契约理论,公司是由公司各利益相关主体组成的一个契约集合,公司为筹集外部资金就要对外发行股票或负债融资,这必然引起公司融资结构的变化,导致代理成本和代理风险的产生,影响着公司权利在各个利益主体之间的配置,从而产生公司各利益主体的激励和约束问题。信息风险理论表明,信息不对称带来的信息风险是不可分散的(Easley & O'Hara,2004),这会导致投资者产生逆向选择行为,即在信息不透明的情况下,通过提高资金价格(也即企业融资成本)来进行自我保护。而公司治理作为监督制衡机制,能够有效降低信息风险,促使融资成本的降低(Ashbaugh,Collins & LaFond,2004)。

　　企业实质是通过一组契约关系来实现企业内部不同要素所有者之间的合作。针对企业内部不同要素所有者之间的相互合作与相互制衡关系,形成了以证券融资为主的英美法系治理结构和以银行融资为主的大陆法系治理结构,这在很大程度上推进了现代企业制度的发展。表 4-4 展示了两种法系治理结构的巨大差异,反映出不同的公司融资模式决定了公司治理结构的模式、激励机制和运作效率。

表 4-4　公司融资结构与公司治理结构的比较分析

项目		英美模式	日德模式
融资结构		以内部融资和外部股票融资为主	以银行信贷融资为主
所有权结构		以个人资本为基础的高度分散化的产权制度	以法人资本相互持股为主体与个人资本相结合的产权制度
股权结构		股权相当分散,股票流动性强	股权集中且相互持股,股票具有较强稳定性
约束机制		发达完善的资本市场体系	法人大股东的控制
监督机制	事前监督	证券评估机构	主银行的共同贷款银行团的牵头人地位与发行债券的独家经营权
	事中监督	"用脚投票"	主银行的"用手投票"
	事后监督	制度度化的购并市场	主银行的相机治理机制
经营者目标导向		密切关注总资产收益与股价上升(短期利益)	最关注产品市场占有率、总资产收益率和新产品开发(长期利益)
经营者激励机制		基于股票与股票期权的激励机制	以年功序列为主的激励机制

　　两种融资结构与公司治理结构孰优孰劣在国内外学术界一直存在较大分歧。20 世纪 80 年代,学术界普遍认同日德式融资结构与公司治理结构有助于促进企业长期发展;英美式融资结构由于以证券市场为主导,容易导致经理层的短期行为。但到了 20 世纪 90 年代,学术界认为英美融资结构模式更具有优越性,因为这一体制更注重市场的建设与完善,强调对投资者利益的保护,有利于企业资源的合理配置。

　　随着经济全球化和金融全球化的发展,近年来这两种治理结构模式均发生了很大变化,许多非个人股东、法人股东或机构股东的迅速成长,致使代理人的支配形态也相应发生了改变,德鲁克(Drucker)称这种变化为"看不见的革命",指出以退休基金为代表的机构投资者已经成为公司的控股机构,它对控股公司的董事任命、高层管理人员任免和报酬以及其他公司重大决策具有支配权,这导致原有所有权和代理权的分离产生重大转变,并标志着以贝利和米恩斯(Berle & Means,1932)提出的代理人资本主义正在消失。英国与美国公司正由经理人全权掌控、不受监督制约的事实向由投资者控制、监督经理层的局面转化,开始注重治理结构中"用手投票"的监控功能。而日本与德国公司的融资结构由以银行信贷融资为主开始向银行信贷与证券市场融资共同发展的方向演进,并且开始注重"用脚投票"的监控功能。这表明在公司融资结构优化过程中,开始呈现由股权和债权共同决定公司治理结构的特征。公司股权与债权结构的不同组合对公司治理效率具有不同的影响,即现代公司正在偏离以"股东至上"为特征的企业制度,债权人以及机构投资者在现代公司治理中的作用越来越重要。

(四)公司特征

融资结构要受公司特征的影响。首先,由于公司普遍存在不同程度的融资约束,在偏离目标后,那些受到融资约束的公司是否会对融资结构进行调整就不完全取决于它们的意愿,而是取决于它们是否有能力进行调整。Korajczyk 和 Levy(2003)、Faulkender 等(2010)以及洪艺珣和王志强(2010)的研究表明,公司面临的融资约束程度是融资结构调整速度的重要决定因素,面临较强融资约束的公司融资结构调整速度更慢。其次,股东与债权人的利益冲突也影响到公司融资结构决策,这也获得了较多的实证支持。例如,Titman 和 Tsyplakov(2007)的研究表明,公司向目标融资结构的调整速度以及偏离目标融资结构的程度受到公司财务困境成本以及能否最大化股东价值或企业价值的影响,那些容易陷入财务困境、股东和债权人利益冲突不严重的公司,其向目标融资结构的调整速度更快些。此外,如现金流、股票价格(即市场条件)、负债率水平、是否现金分红、公司规模等公司特征对融资结构也有显著影响。

综上所述,企业融资结构系统需要不断适应内外环境因素的影响,在此过程中,融资结构系统会经历平衡—不平衡—平衡的循环往复过程。每一次平衡态与非平衡态之间的转变都需要通过对融资结构系统内部各能力单元之间的相互作用关系加以调整才能实现。企业融资结构系统内部各主体通过不断地"学习"以及"经验积累"来逐步完善自身,改善相互之间的作用模式,进而实现系统主体之间以及主体与环境之间的不断适应。企业融资结构系统主体在与环境的交互作用过程中,当主体发现环境中存在更有效的规则时,会试图采用该规则来支配企业融资结构系统主体的行为。

把宏观和微观环境因素有机地联系起来进行综合分析是复杂性科学理论的一个主要特征。它通过个体和环境的相互作用,使得个体的变化成为整个系统的变化基础,统一地加以考察。

第五章　融资结构与公司价值关系

第一节　公司融资结构对公司价值的影响

融资结构理论与公司价值一直是国内外学术界和企业界探讨的焦点话题。根据 MM 定理(Modigliani & Miller,1958),在一系列严格的假设下,融资结构与公司价值是无关的。后来学者们在修正的 MM 定理中加入税盾作用后发现,公司价值与公司债务呈正相关。随着研究的不断深入又陆续发现,因为公司所得税、代理成本、破产成本以及信息不对称等因素的影响,融资结构会影响到公司价值。融资结构的权衡理论认为,企业存在一个最优的融资结构(Kraus & Litzenberger,1973;Scott,1976;De Angelo & Masulis,1980)。与权衡理论一致,大量经验研究证明(Titman & Wesseles,1988;Graham & Harvey,2001;Harford et al.,2009),企业存在最优的负债水平,它们可以通过调整自身的负债权益比例使其达到最优水平,从而提高企业的价值和增长率,逐步改善其未来的经营状况(Lööf,2004)。本文认同优化融资结构有助于企业价值的实现。同时,借鉴詹森和麦克林(1995)的观点,融资结构至少会通过以下几个方面来影响企业价值:(1)融资结构会影响企业家或经理的努力水平和行动选择,从而影响企业价值;(2)融资结构向外部投资者传递信号,从而影响外部投资者的判断和投资决策;(3)融资结构会影响公司收入流的分配和控制权的分配,从而影响企业价值。

虽然我们认同存在最佳融资结构,但在经营过程中,由于各种因素的影响,企业难免会偏离其最优结构水平。为追求企业价值目标的实现,企业自然不会让其融资结构长期偏离其最优水平,因而在其动态发展过程中,企业会基于外部环境和内部环境的变化,不断适时地调整融资结构,以使它尽量趋近最优水平。因此,企业融资结构演化是不断循环的动态调整过程。

从复杂性科学视角来看,融资结构是具有学习能力的复杂适应系统,融资结构的优化能够显著提高企业的资金运营效率,降低企业风险,在企业创造价值和降低成本方面具有重要作用。融资结构系统能够通过学习积累经验将着眼点放在创造价值上,有助于实现企业的财务目标——企业价值最大化。

复杂适应系统在边界通过物质、能量、信息不断与外部环境进行交换。正因为如此,复杂适应系统往往是远离平衡的(介稳性),但却能通过与外界进行物质和能量的交换而维持相对稳定,即具有耗散结构。企业融资结构系统中存在连续的物质(资金资本)、人员、信息的交换,并且各相关利益主体有使自己目标最大化的趋向(介稳性),但是在一定时期,各要素能在物质、能量和信息的交换后维持相对稳定,实现共同价值目标相对最大化。

第二节　负债融资对公司价值的影响

公司负债与破产密切相关,对企业是一种硬约束机制。人们已逐渐认识到,负债可以约束经理人按照股东的利益行事(Jain,2006),合理的融资结构可以限制经理人追求私利的行为(Hart & Moore,1998)①。即负债融资不仅能为公司获得税收优惠(Modigliani & Miller,1963),还具有一定的治理效应,如减少经理的自利行为(Grossman & Hart,1982)、减少自由现金流(Jensen,1986)、充当信息角色和管教角色(Harris & Raviv,1990)等,从而缓解股东与经理之间的利益冲突。相关实证研究结果也表明,负债和公司价值之间存在着显著的正相关关系(Denis & Denis,1993;McConnell & Servaes,1995)。

---

①　该文主要从激励和负债(约束)两个方面讨论了代理问题对企业价值的影响。海和莫瑞斯(2001)认为,理论上,存在着五种机制可以约束经理人的非利润最大化行为:产品市场竞争、管理人员劳动力市场竞争、组织设计、经理报酬制度以及公司控制权竞争。除此之外,大股东的监督往往也被认为是对经理人的一种监督机制。

Jensen 和 Meckling(1976)指出,当公司规模一定时,债务融资比例的增加将减少股权融资的比例,从而经理所持股份占公司总股份的比例就会增加,其挥霍或侵占公司资源的成本也就随之增大,因而这种侵占行为会有所减轻。于是,债务融资就起到了减少代理成本、提高公司价值的作用。Jensen(1986)还认为,债务的存在使得企业必须考虑还本付息,否则债权人将提出破产清算程序,这样就限制了经理对公司自由现金流的滥用,从而减少了代理成本,提高了公司价值。Grossman 和 Hart(1982)认为,如果破产对经理来说成本很高(即破产可能使经理的声誉受到损害或者经理不再对公司具有控制权),那么,债务的增加由于会使破产的可能性变大,因而能够激励经理努力工作,减少偷懒和在职消费的问题。Stulz(1990)、Harris 和Raviv(1991)的研究表明,即使公司破产清算对投资者来说可能更好一些,经理也总是试图让公司继续经营下去,并且尽管在将资金以股利等形式返还给投资者会更好的情况下,经理也倾向于将尽可能多的资金用于投资。而债权人在公司现金流很少的时候能接管公司,要求公司破产清算,这样就可以保护投资者的利益并抑制经理的过度投资。总体来看,西方文献基本认为公司债务具有治理作用,可以提高公司的价值。

我国学者对债务融资、融资结构与企业价值做了很多研究。汪辉(2003)的实证研究结果表明,总体上债务融资具有加强公司治理、增加公司市场价值的作用,但是,对于少数资产负债率非常高的公司,这种作用不显著,市场对公司发行债券有积极的反应,同时债务融资起到了传递公司业绩的信号作用。张慧和张茂德(2003)的实证研究结果表明,上市公司的流动负债对经营业绩的提高起了积极的作用,由企业之间资金占用所形成的债务关系对公司所有者和管理层利益的维护有正面影响,而长期负债对公司绩效没有显著影响。肖作平(2003)研究认为资产负债率与公司价值呈负相关,这说明债务在公司治理中的功能是微弱的,这一结论与前述研究结论不一致。江伟(2004)研究结果表明无论对于高成长还是低成长的公司,负债比例与公司价值之间都呈显著的负相关关系,在一定程度上支持了肖作平的研究。姜涛和王凯(2008)对民营上市公司的研究,认为民营上市公司的负债水平与企业价值呈倒 U 型关系。刘东辉和黄晨(2004)认为在我国特殊经济环境下,提高我国上市公司企业价值,应努力通过各种可行的方式改变我国现有的股权结构,提高流通股比率,同时保持适当的资产负债率。李锦望和张世强(2004)以我国家电行业为例,研究认为融资结构与企业价值之间存在负相关关系。闫华红和李晓芹(2009)以制造业上市公司为例,研究发现上市公司企业价值随公司资产负债率的增加先增后减的趋势,并存在一个最优值。姜涛、汤颖梅和王怀明(2009)对农业上市公司的研究表明农业上市公司的债务水平与企业价值呈正相关关系。何平(2009)以我国上市公司为研究对象,通过混合截面回归的方法考察了上市公司对公司业绩的影响关系,得到如下结论:一是与公司业绩负相关;二是无息债务与公司业绩相关性不显著;三是有息债务与公司业绩负相关;四是有息债务中的短期借款、长期借款与公司业绩均为负相关,且长期借款对公司业绩的负向影响更大。李宝仁和张院(2010)利用线性回归分析上市公司与企业绩效的关系,显示企业短期负债比长期负债对企业绩效影响大。

上述研究结论的不同反映出融资结构对公司价值的影响是通过债务融资的正负两面效应博弈来实现的。如果企业债务融资的正效应强于负效应,则债务融资对公司业绩的影响就是正影响,即债务融资能够增加公司的价值,反之亦然。这表明适度负债有助于公司价值的提升。

第三节 股权融资对公司价值的影响

股权融资对公司价值的影响主要体现在两个方面:一是股权资金占总资金的比例,二是股权资金的结构。本节重点阐述股权结构与公司价值的关系。Jensen 和 Meckling(1976)认为公司价值与内部股东所拥有的股份正相关,持股比例越大,公司的价值也越大。Zeckhouser 和 Pound(1990)提出股票价格与公司盈余的比率与股权集中度显著正相关。Xu 和 Wang(1999)针对我国上市公司实证研究认为,股权集中有利于提升企业价值。冯根福等(2002)在研究影响股权集中度的因素时,认为上市公司绩效是影响股权集中度的一个重要因素,并通过对 1996—2000 年的资料进行分析后发现,公司业绩越好,则股权集中度越高。肖作平(2003)的研究表明 TobinQ[①] 值与

---

① TobinQ 值指资本的市场价值与其重置成本之比,是由诺贝尔经济学奖获得者詹姆斯·托宾(James Tobin)于 1969 年提出的,用于衡量企业是否创造价值的指标。

股权集中度显著正相关。刘运国和高亚男（2007）研究发现，股权集中类公司的业绩明显好于股权分散类公司，并且认为，与股权分散相比，一定程度的股权集中是合理的选择。黄郡（2007）运用中国上市公司2003年度的数据，比较股权制衡的公司与股权集中、股权分散公司经营业绩，得出股权制衡的公司业绩要好于股权分散和股权集中公司，因而股权制衡对上市公司绩效产生正面影响。

McConnell和Servaes（1990）利用二次模型，发现内部人所持的普通股比例与公司TobinQ（企业价值）之间存在曲线关系，呈倒"U"型。孙永祥等（1999）的实证研究也发现，随着第一大股东股权比例的增加，Tobin Q值先是上升，当第一大股东所持股权比例达到50％后，TobinQ值开始下降，即第一大股东的持股比例与公司的TobinQ值呈倒"U"型关系，并且较高的股权集中度和股权制衡有利于公司价值的提高。杜莹和刘立国（2002）也得到类似的结果，发现股权集中度与公司绩效呈显著的倒"U"型关系。但白重恩等（2005）的研究结论却是第一大股东持股比例与公司价值负相关而且两者呈正"U"型关系。林凡（2007）认为，中国上市公司股权融资的业绩效应、股价效应和公司治理效应具有三个明显的特征；在业绩效应方面，中国上市公司存在比较明显的IPO负面效应，表现为业绩指标在IPO前均有较大增长，而在IPO后均有明显下滑，上市公司业绩在IPO前后存在显著的差异；配股对中国上市公司业绩的影响总体上是负面的，且负面效应随着年份的推移越来越明显；增发对中国上市公司业绩的影响基本上也是负面的，实施增发的公司在增发当年及后两年的业绩变化趋势分别为1998年的"升降升"、1999年的"升降降"和2000年后的"降降降"。陈德萍等（2011）考察了股权集中、股权制衡等股权结构对中小企业上市公司绩效的影响，结论是股权集中度与公司绩效呈显著的正"U"型关系，即认为在我国中小企业板块股权结构中，在持股比例低的情况下，体现的是壕沟防御效应；在持股比例高的情况下，体现的是利益协同效应。

虽然关于公司股权结构与公司价值之间关系的研究存在多种截然不同的结论，但基本都认同公司的股权结构与企业价值存在着密切联系，并且适度集中的股权结构有利于公司的发展。股权结构不仅会对企业价值产生直接影响，而且影响方向并不是单向的，是一个相互影响、相互促进的循环和协同作用过程。恰当的股权结构有利于提升企业的价值，实证分析中的"U"型结论反映出这样的效用。

第四节　融资结构与公司价值：
基于资本市场数据的实证分析

一般而言,由于系统的稳定性机制,主体行为规则的变异将很难通过关系网络传递到其他主体和其他层次中。但是由于非线性的作用,某些规则的改变却可能通过网络而放大最后导致系统整体稳态的跃迁。非线性表明个体之间的相互影响不是简单的、被动的、单向的线性因果关系,而是主动适应关系。现代公司融资结构必须通过制定公司柔性战略,明确市场竞争地位,厘清及处理好融资与企业内外各种因素交互影响的复杂关系,才能实现整体协同效应。

为了进一步揭示融资结构与公司价值的互动性特征,本文借鉴徐向艺等(2011)的研究思路,构建了反映融资结构与公司价值之间互动关系的结构方程,拟用我国上市公司当前数据进行实证剖析。为了反映融资结构与公司价值的关系,在实证中公司价值变量不是选择单一变量,而是将当前围绕公司价值分析中常用的总资产报酬率、权益报酬率和 TobinQ 值三个公司价值指标结合在一起分析。该方程的设计力图克服目前融资结构与公司价值研究中的内生性问题,既能反映解释变量对被解释变量的总影响效应,也能通过每个方程反映出融资结构和公司价值的内在作用机制。

根据融资结构系统的复杂性观点,提出以下实验假设:

假设 H1:上市公司第一大股东持股比例总体上与公司价值正相关。

假设 H2:上市公司中的国有股比重与公司价值负相关,且呈非线性关系。

假设 H3:上市公司的第一大股东持股比例与公司的国有股比重存在显著相关性。

假设 H4:上市公司负债率与公司价值负相关,且呈非线性关系。

假设 H5:上市公司的股权结构与债务结构存在显著的相关性。

一、研究设计

(一)模型构建

本文通过建立一组方程组研究融资结构与公司价值之间的关系,该方程组由以下三个单方程组成:

$$Y_1 = \alpha_1 + \beta_2 Y_2 + \beta_3 Y_3 + \gamma_1 Z_1 + \varepsilon_1 \tag{1}$$

$$Y_2 = \alpha_2 + \beta_1 Y_1 + \beta_3 Y_3 + \gamma_2 Z_2 + \varepsilon_2 \tag{2}$$

$$Y_3 = \alpha_3 + \beta_1 Y_1 + \beta_2 Y_2 + \gamma_3 Z_3 + \varepsilon_3 \tag{3}$$

三个模型分别代表公司价值、股权结构和债务结构方程。其中,Y_1 代表公司价值变量,Y_2 代表股权结构变量,Y_3 代表债务结构变量,Z_i 为影响因变量的控制变量和外生变量的矢量,α_i、β_i、γ_i 分别代表常数项、解释变量的系数项和控制变量的系数项($i=1,2,3$),ε_i 是误差项,与外生干扰和解释公司价值、股权结构、债务结构的因素有关。

(二)变量设计与定义

各变量的设计与定义见表 5-1。

表 5-1　变量设计与定义

变量类型	变量名称	变量定义	变量简称
公司价值变量 Y_1	Tobin Q 值(总市值法)	(流通股每股股价×总股本+总负债)/账面资产净值	TQ
	Tobin Q 值(净资产法)	(流通股总市值+权益账面价值+总负债)/账面资产净值	TQe
	总资产报酬率	利润总额/年均总资产	ROA
	权益报酬率	净利润/年均股东权益	ROE
股权结构变量 Y_2	第一大股东持股比例	第一大股东持股数占总股本的比例	Top1
	大股东性质哑变量之一	第一大股东为国有性质取 1,否则取 0	Topdum_1
	大股东性质哑变量之二	第一大股东为一般法人取 1,否则取 0	Topdum_2
	大股东性质哑变量之三	第一大股东为境内自然人取 1,否则取 0	Topdum_3

续表

变量类型	变量名称	变量定义	变量简称
股权结构变量 Y_2	大股东性质哑变量之四	第一大股东为境外投资人取 1，否则取 0	Topdum_4
	后九大股东持股集中度	第二至第十大股东持股比例的平方和	HHI2_10
	国有股比重	国有股权占总股本的比例	State
	高级职员持股	公司高级职员持股比例之和	Execute
	境外流通股哑变量	有 B 股、H 股或其他境外流通股取 1，否则取 0	Foreign
债务结构变量 Y_3	总负债率	总负债/总资产	Lev
	长期负债率	长期负债/总资产	Lev1
	短期负债率	短期负债/总资产	Levs
	长短期负债比	长期负债/短期负债	Debtstr
其他控制变量 Z_i	资产规模	年均资产净值的自然对数	Assets
	收入增长率	(本年主营业务收入—上年主营业务收入)/上年主营业务收入	Growth
	企业风险	公司贝塔系数值	Risk
	上市年限	公司上市年限（截止到 2010 年年底）	Age
	非债务税盾	年折旧/短期负债	Depreciate
	流动比率	短期资产/短期负债	Current
	资产结构	(存货＋固定资产)/总资产	Assetstr
	行业哑变量	属于本行业取 1，否则取 0	Ind_1 至 Ind_12[①]

注：①哑变量 Ind_1 至 Ind_12 依次代表农业、采掘业、制造业、电力、煤气及水的生产和供应业、建筑业、交通运输、仓储业、信息技术业、批发和零售贸易、房地产业、社会服务业、传播与文化产业和综合类 12 个行业。

公司价值变量由三个指标组成：总资产报酬率、权益报酬率和 TobinQ 值。TobinQ 值是投资者对企业成长性的市场评价，该比率高意味着投资者看好公司，并愿意投资该公司。虽然徐莉萍等（2006）认为与西方成熟市场相比，我国股市的有效性程度仍然存在着较大差距，这使得采用 TobinQ 值等指标的前提条件不完全具备。但本书认为,随着近年来中国资本市场的不断完善,监管力度不断加大,公司治理也日趋合理,上市公司的股票价格也逐渐趋近其价值,新的经济环境为我国上市公司采用 Tobin Q 值指标衡量其价值提供了可行的前提条件。由于中国股市存在非流通股和流通股两类,故公司权益市场价值采用了两种计算方式:一是按流通股市价计算全部股本的总市值;二是用流通股总市值加上权益的账面价值作为公司权益的市场价值①。由于在中国估算资产的重置价值较难,所以通常用其账面价值代替。

股权结构变量由一组持股比例指标和虚拟指标组成:其中国有股比重、高级职员持股和第一大股东持股以实际持股数占总股本的比例计算;后九大股东持股集中度用第二至第十股东持股比例的赫芬达尔—赫希曼指数表示,反映其他大股东对第一大股东(Top1)的股权制衡作用;四个哑变量重点刻画了上市公司第一大股东的性质,包括国有性质股东、一般法人性质股东、境内自然人股东和境外自然人股东哑变量。另外,用哑变量 Foreign 反映有 B 股、H 股或其他境外流通股发行的境外流通股。

债务结构变量包括总负债率、长期负债率、短期负债率、长短期负债比,其中总负债率反映上市公司的总体债务情况,长期负债率、短期负债率及长短期负债比则反映了上市公司债务的期限结构。

在控制变量中,非债务税盾、流动比率和资产结构指标作为债务结构的控制变量;资产规模、收入增长率、企业风险、上市年限和行业哑变量作为一般控制变量。

(三)样本来源

以 2010 年在上海交易所上市的公司截面数据为研究样本。研究数据均来自深圳国泰安公司的中国上市公司数据库和各年年报。本研究剔除了金融保险业及 ST、PT 公司以及缺少相关数据的样本公司,最后以 727 家公司作为实证样本数据②。统计分析借助 Excel 和 EViews3.1 软件完成。

---

① 本书的实证研究主要采用了第一种计算方法,第二种计算方法作为对比分析时的参照指标。

② 为了尽可能保证数据的正确性和全面性,我们又使用 CCER 数据库进行核对和补充。对于数据库中缺失的数据,我们尽可能通过公司年报加以补充。

二、实证结果

（一）描述性分析

表 5-2 是对样本公司价值所做的描述性统计。可以看出,采用总市值法计算的样本公司 TobinQ 值(TQ)的平均值为 2.67,调整非流通股定价问题后的 TQe 平均为 2.42。总资产报酬率 ROA 的平均值为 5%,权益报酬率 ROE 为 11%。两者的标准差均比较小,反映出上市公司在 2010 年的整体业绩情况良好。

表 5-2　公司价值变量的描述性统计

	样本数	最小值	最大值	平均值	标准差
TQ	727	0.79	16.08	2.67	1.818
TQe	727	0.79	15.92	2.42	1.631
ROA	727	−0.18	0.47	0.05	0.050
ROE	727	−0.42	3.73	0.11	0.169

表 5-3 是对样本公司股权结构变量所做的统计分析。该表显示:样本公司第一大股东持股均值为 37.53%,最高为 86%,最低仅为 4%。50.89% 的公司为国有性质,第一大股东为一般法人股东的占 22.14%,显示出我国上市公司中国有股"一股独大"的特有现象。第二至第十大股东的持股集中度平均为 0.014,标准差较小,反映出后九大股东对第一大股东的制衡力量普遍较弱。境内自然人为第一大股东的公司占 26.27%,境外投资人为第一大股东的公司占 0.82%。国有股占样本公司总股本的比例平均为 21.21%,最高达 84%,有 10% 的公司发行有 B 股或 H 股等境外流通股。高级职员持股仅为 0.01%,显示公司内部管理层股权激励机制还比较欠缺。显然,股权集中和大股东身份突出是我国上市公司的突出特点。

表 5-3　股权结构变量的描述性统计

	样本数	最小值	最大值	平均值	标准差
TOP1	727	0.04	0.86	0.3753	0.1623
Topdum _1	727	0.00	1	0.5089	0.5002

续表

	样本数	最小值	最大值	平均值	标准差
Topdum _2	727	0.00	1	0.2214	0.4155
Topdum _3	727	0.00	1	0.2627	0.4404
Topdum _4	727	0.00	1	0.0082	0.0905
HHI2_10	727	0.00	0.16	0.0140	0.0235
State	727	0.00	0.84	0.2121	0.2289
Execute	727	0.00	0.07	0.0001	0.0031
Foreign	727	0.00	1	0.10	0.31

表 5-4 列出了样本公司第一大股东持股比例 Top1 和国有股比重 State 的分布情况。从上市公司股东的持股比例分布看,第一大股东持股比例超过 25% 的公司有 73.59%,超过 50% 的公司有 25.0%。按照第一大股东股权比例超过 25% 则处于相对控股地位,超过 50% 则处于绝对控股地位的标准①,由于上市公司的股本结构中,公司第一大股东大多为控股股东,所以我国大部分上市公司第一大股东对公司运作具有绝对股权控制优势。

表 5-4　第一大股东持股比例和国有股比重的频率分布

范围(%)	Top1		State	
	频率	累计百分比	频率	累计百分比
0~4.99	1	0.14%	318	43.87%
5~9.99	11	1.65%	25	47.31%
10~14.99	35	6.46%	23	50.48%
15~19.99	54	13.89%	33	55.02%
20~24.99	91	26.41%	30	59.14%
25~29.99	73	36.45%	36	64.23%
30~34.99	85	48.14%	33	68.77%
35~39.99	67	57.36%	35	73.72%

---

① Leech 和 Leahy(1991)认为,如果公司第一大股东股权比例超过 25%,则表明处于相对控股地位;当持股超过 50% 时,大股东就具有了对上市公司的绝对控制权。

续表

范围(%)	Top1		State	
	频率	累计百分比	频率	累计百分比
40～44.99	72	67.26%	48	80.46%
45～49.99	56	74.97%	32	84.73%
50～54.99	75	85.28%	37	89.68%
55～5999	38	90.51%	28	93.53%
60～64.99	32	94.91%	18	95.87%
65～69.99	11	96.42%	17	98.07%
70～74.99	14	98.35%	7	99.03%
75～79.99	7	99.31%	5	99.72%
80～84.99	3	99.72%	2	100%
85～89.99	2	100.00%	0	100%
90～94.99	0	100.00%	0	100%
95～100	0	100.00%	0	100%

考察样本公司的国有股比重分布情况来看,只有不到 35.77% 的公司的国有股比重超过 30%,国有股占比例超过 50% 的样本公司占不到 10%。同时,在那些公司第一大股东为非国有性质的公司中,国有股权对公司的价值存在着重大影响。

表 5-5 是对样本公司债务结构变量的统计分析。负债率 Lev 平均值为 52.75%,而同期全国国有及规模以上非国有工业企业的平均负债率是 57.41%(2007—2011 年的平均资产负债率均在 57% 以上[①]),说明上市公司

---

① 国有及规模以上非国有工业企业 2007—2011 年的平均负债率,如下表所示。

年份	2007	2008	2009	2010	2011
平均资产负债率	57.48	57.71	57.88	57.41	58.10

该表数据来源于《中国统计年鉴》。

根据中国年鉴的统计范围:1998 年至 2006 年为全部国有及主营业务收入在 500 万元以上非国有工业企业;2007 至 2010 年为年主营业务收入在 500 万元及以上工业企业(即规模以上工业企业);从 2011 年开始,为年主营业务收入 2000 万元及以上的工业企业(即规模以上工业企业)。

从国外的数据看,就市场价值计算的公司负债率而言,全球的公司平均负债率为 53.10%,美国、欧洲、日本、印度及新兴市场(包括亚洲、拉丁美洲、东欧、中东及非洲地区)的这一比率分别为 31.81%、68.84%、64.42%、34.03%、32.75%(本节涉及的国内外数据主要来源于达摩特兰的个人主页,http://pages.stern.nyu.edu/~adamodar/)。

负债率普遍较低。长期负债率 Levl 为 10.72%，标准差达 12.63%，上市公司间差异较大，最高的长期负债率为 61%，最低的为零。短期负债率 Levs 平均值 40.70，比长期负债率高出许多，长短期负债比 Debtstr 为 0.38。

表 5-5　债务结构变量的描述性统计

	样本数	最小值	最大值	平均值	标准差
Lev	727	0.031	0.93	0.5275	0.1820
Levl	727	0.000	0.61	0.1072	0.1263
Levs	727	0.027	0.83	0.4070	0.1702
Debtstr	727	0.000	5.40	0.3834	0.6509

表 5-6 考察了样本公司负债率的分布情况。43.19% 的样本公司负债率在 50% 以下，89.68% 的样本公司负债率在 75% 以下，65.72% 的样本公司负债率集中于 40%～75%；而从负债的期限分布来看，将近 79.50% 的样本公司长期负债率低于 20%，90.10% 的样本公司长期负债率低于 30%。46.3% 的样本公司长期负债率低于 5%，长期负债率超过 40% 的样本公司不到 3.99%。这也与徐向艺(2005)的研究结果相近，即上市公司长期负债利用不足。

表 5-6　负债率的频率分布

范围(%)	Lev		Levl	
	频率	累计百分比	频率	累计百分比
0～4.99	1	0.14%	337	46.35%
5～9.99	8	1.24%	101	60.25%
10～14.99	10	2.61%	84	71.80%
15～19.99	17	4.95%	56	79.50%
20～24.99	21	7.84%	48	86.11%
25～29.99	29	11.83%	29	90.10%
30～34.99	42	17.61%	28	93.95%
35～39.99	45	23.80%	15	96.01%
40～44.99	69	33.29%	22	99.04%

续表

范围（%）	Lev		Levl	
	频率	累计百分比	频率	累计百分比
45～49.99	72	43.19%	2	99.31%
50～54.99	63	51.86%	4	99.86%
55～5999	65	60.80%	1	100.00%
60～64.99	76	71.25%	0	100.00%
65～69.99	75	81.57%	0	100.00%
70～74.99	59	89.68%	0	100.00%
75～79.99	34	94.36%	0	100.00%
80～84.99	31	98.62%	0	100.00%
85～89.99	8	99.72%	0	100.00%
90～94.99	2	100.00%	0	100.00%
95～100	0	100%	0	100.00%

数据表明，上市公司的股权结构与债务结构呈现显著的非对称性。股权高度集中，致使中小股东无法形成对大股东的有效制衡，为大股东侵占中小股东利益创造了条件。而长期负债率过低，过度依赖短期负债，则造成债务约束的短期化和对公司治理功能的削弱。

（二）公司价值指标选择

为了检验公司价值指标对于融资结构变量的显著性，从中筛选出最具代表性的公司价值指标来，此处以第一大股东持股 Top1 和总负债率 Lev 作为解释变量的方程为基本价值模型，分别进入代表公司价值变量 Yi 的 TQ、TQe、ROA 和 ROE 模型中，考察四个公司价值变量对融资结构变量的敏感性，从中选择出与融资结构变量有显著关联的价值指标。基本模型为：

$$Y_i = \alpha + \beta_1 Top1 + \beta_2 Lev + \gamma_1 Assets + \gamma_2 Growth + \gamma_3 Risk + \gamma_4 Age(i = 1,2,3,4) \tag{4}$$

从表 5-7 可以看出，代表公司价值变量 Yi 的四个指标中，TQ 方程中只有 Growth 不显著，其余均在 5% 的置信水平显著，TQe 方程中 Top1 和 Growth 均不显著，ROA 方程中 Top1 和 Age 均不显著，ROE 方程中只有

Growth 和 Risk 在 5％的置信水平显著，其余均不显著。故从回归拟合度来看，TQ 为最佳的公司价值指标。

表 5-7　公司价值指标的回归结果比较

模型 Yi	TQ(1)	TQe(2)	ROA(3)	ROE(4)
Top1	0.774 ** (2.026)	0.009 (0.027)	0.016 (1.391)	0.036 (2.026)
Lev	−2.493 *** (−7.412)	−2.170 *** (−7.196)	−0.105 *** (−10.166)	0.023 (−7.412)
Assets	−0.628 *** (−12.115)	−0.549 *** (−11.808)	0.005 *** (3.171)	0.005 (−12.115)
Growth	0.006 (0.247)	−0.006 (−0.282)	0.0014 * (1.827)	0.006 ** (0.247)
Risk	−1.569 *** (−4.852)	−1.383 *** (−4.769)	−0.020 ** (−2.048972)	−0.079 ** (−2.220)
Age	−0.044 *** (−2.983)	−0.040 *** (−3.087)	−0.0001 (−0.277)	0.0002 (0.103)
截距	19.710 *** (−2.984)	17.607 *** (15.848)	0.010 (0.252)	0.064 (0.474)
N	727	727	727	727
Adj-R²	0.298	0.298	0.134	0.0148
F	52.292	52.355	19.801	2.817

注：①*、**、***表示估计系数在 10％、5％、1％置信度水平显著。
　　②各参数估计值下方括号内的数值为相应的 T 统计量。

(三)融资结构与公司价值

1. 股权结构与公司价值

股权结构主要体现在股权集中度上，本书重点讨论第一大股东对公司价值的影响。由于中国公司具有国有股"一股独大"的特色，所以本书还将讨论国有股比重对公司价值的影响。

(1)股权集中度与公司价值

为考察股权结构对公司价值的影响，从表 5-8 可以看出，Topdum_1 与 Topdum_2、Topdum_3、Topdum_4 之间显著相关，为避免多重共线性，故将其分别在方程(5)和方程(6)下进行检验,结果如表 5-9 所示。

表 5-8　哑变量间相关性

	符号	Topdum_1	Topdum_2	Topdum_3
Topdum_2	—	-0.543^{***}		
Topdum_3	—	-0.608^{***}	-0.311	
Topdum_4	—	-0.093^{**}	-0.049	-0.054

设计方程模型如下:

$$TQ = \alpha + \beta_1 \text{Top1} + \beta_2 \text{Lev} + \beta_3 \text{Topdum\_1} + \beta_4 \text{HHI2\_10} + \gamma_1 \text{Assets} + \gamma_2 \text{Growth} + \gamma_3 \text{Risk} + \gamma_4 \text{Age} \tag{5}$$

$$TQ = \alpha + \beta_1 \text{Top1} + \beta_2 \text{Lev} + \beta_3 \text{Topdum\_2} + \beta_4 \text{Topdum\_3} + \beta_5 \text{Topdum\_4} + \beta_6 \text{HHI2\_10} + \gamma_1 \text{Assets} + \gamma_2 \text{Growth} + \gamma_3 \text{Risk} + \gamma_4 \text{Age} \tag{6}$$

表 5-9　股权结构与公司价值的回归结果

	方程(5)	方程(6)	方程(7)	方程(8)
Top1	1.103^{***} (2.776)	1.0970^{***} (2.735)		
Lev	-2.491^{***} (-7.451)	-2.500^{***} (-7.471)	-2.502^{***} (-7.375)	-2.467^{***} (-7.309)
Topdum_1	-0.350^{***} (-2.996)			
Topdum_2		0.284^{**} (1.969)		
Topdum_3		0.377^{***} (2.637)		
Topdum_4		1.138^{*} (1.813)		
HHI2_10	4.475^{*} (1.718)	4.183 (1.590)		
State			-0.125 (-0.483)	-2.403^{***} (-3.000)

	方程(5)	方程(6)	方程(7)	方程(8)
State_sq				4.090*** (3.004)
Execute			−8.224 (−0.452)	−8.112 (−0.448)
Foreign			0.202*** (1.010)	0.251 (1.255)
Assets	−0.625*** (−11.64)	−0.621*** (−11.514)	−0.605*** (−11.280)	−0.623*** (−11.605)
Growth	−0.002 (−0.078)	−0.002 (−0.082)	0.011 (0.445)	0.009 (0.367)
Risk	−1.558*** (−4.810)	−1.545*** (−4.756)	−1.576*** (−4.818)	−1.487*** (−4.555)
Age	−0.0357** (−2.406)	−0.036** (−2.421)	−0.048*** (−3.342)	−0.0421*** (−2.861)
截距	19.550*** (15.710)	19.103*** (15.018)	19.568*** (15.234)	19.860*** (15.503)
N	727	727	727	727
Adj_R^2	0.307	0.307	0.293	0.301
F 值	41.210	33.146	38.647	35.740

注:①*、**、***表示估计系数在 10%、5%、1%置信度水平显著。

②各参数估计值下方括号内的数值为相应的 T 统计量。

表 5-9 的前两栏是采用普通最小二乘法(OLS)对方程(5)、(6)分别进行回归的结果。从中可以看出,方程(5)和方程(6)的总体拟合度较高,显示回归结果较好。

方程(5)的回归结果显示,上市公司第一大股东持股与公司价值呈显著正相关。符合 H1(上市公司第一大股东持股比例总体上与公司价值正相关)的预期假设,说明上市公司第一大股东持股比例越大,越有利于公司价值的改进,即股权结构集中有利于公司价值的提高。Topdum_1 大股东系数显著为负,说明这种正面作用并非来自于占样本总体 50.89%(见表 8)的国有第一大股东,资本市场对国有股东评价较低,以全部样本的 TobinQ 均值计算,第一大股东为国有股时,其公司价值平均低 11.24%(0.350/2.67)。

相对于国有第一大股东,一般法人哑变量 Topdum_2 系数为 0.284(见表 5-9 中方程 6 的回归结果),显著为正。同样以全部样本的 TobinQ 均值计算,一般法人第一大股东可为公司价值高出 10.64%(0.284/2.67),且结果显著。这说明一般法人作为第一大股东显著优于国有第一大股东。Topdum_2 占总体样本的 22.14%,规模小于过于第一大股东数,但具有较大的发展空间。同样也说明,市场对国有第一大股东控股给予较低的市场评估,其在公司治理、内部协调、资源配置及使用效率方面效率不高、不充分。

境内自然人第一大股东在公司治理中,发挥着积极作用,Topdum_3 系数为 0.377,显著为正。以全部样本的 TobinQ 均值计算,其公司价值高出 14.11%,这类公司数同样占到总体样本的 26.27%,说明自然人作为第一大股东的上市公司在公司治理方面有显著的成就,有利于公司价值的提高。

境外第一大股东哑变量 Topdum_4 系数为 1.138,在 10% 的置信水平显著为正。说明外资对提高公司价值有正的影响。

从股权制衡来看,HHI2_10 指标均显示为正,在模型(5)中显著为正,在模型(6)中系数为正,但不够显著。表明第二至第十股东持股有助于公司价值的提高,对第一大股东的利益侵占行为有一定牵制作用。

Lev 负债率在两个模型中都显著为负,说明负债率对公司价值呈高度负相关,部分证实 H4(上市公司负债率与公司价值负相关),但是否呈非线性关系有待进一步检验。

总之,第一大股东对公司价值呈显著正影响,负债率呈显著负影响,反映了大股东的股权融资偏好。另外,从第一大股东的性质来看,国有第一大股东不利于公司价值的提高,一般法人第一大股东和自然第一大股东、境外第一大股东均有利于公司价值的提高。但由于国有股第一大股东持股占公司一半以上,因此国有股比重高低对中国沪市 A 股公司价值有重要的影响。

(2)国有股比重与公司价值

为进一步检验第一大股东性质对公司价值的影响,设计模型如下:

$$TQ = \alpha + \beta_1 \text{Lev} + \beta_2 \text{State} + \beta_3 \text{Execute} + \beta_4 \text{Foreign} + \gamma_1 \text{Assets} + \gamma_2 \text{Growth} + \gamma_3 \text{Risk} + \gamma_4 \text{Age} \tag{7}$$

$$TQ = \alpha + \beta_1 \text{Lev} + \beta_2 \text{State} + \beta_3 \text{State\_sq} + \beta_4 \text{Execute} + \beta_5 \text{Foreign} +$$
$$\gamma_1 \text{Assets} + \gamma_2 \text{Growth} + \gamma_3 \text{Risk} + \gamma_4 \text{Age} \qquad (8)$$

模型(7)检验结果显示,国有股比重与公司价值之间系数为-0.125,且不显著,说明两者线性关系不成立。但将 state 指标用其二次项 state_sq 引入,建立模型(8),回归结果发生变化。

模型(8)回归结果显示,state 系数为-2.403,显著;二次项 state_sq 系数为 4.090 大于 0,且显著,说明国有股比重与公司绩效之间呈显著的正 U 型关系,部分证实了假设 H2(上市公司中的国有股比重与公司绩效负相关),且呈非线性关系。U 型关系存在国有股比重拐点 29.4%,拐点之前负相关,拐点之后正相关。

Execute(高级职员持股)与公司价值之间不显著,系数均为负,这可能与高级职员持股比例过低有关。

Foreign 境外流通股在两个模型中均为正,第一个显著,第二个不显著,说明其对公司价值的影响有正的帮助,即同时发行 B 股或 H 股的公司更有助于公司价值的提升。所以上市公司股权结构中应适度引入境外投资者,可以有助于提高公司的管理水平,改善公司价值。

2. 负债结构与公司价值

从前述回归模型结果显示:Lev 与公司价值之间基本呈显著的负相关,接下来考察债务结构与公司价值的关系。建立模型如下:

$$TQ = \alpha_1 + \beta_1 \text{Top1} + \beta_2 \text{Lev} + \beta_3 \text{Lev\_sq} + \beta_4 \text{Topdum\_1} +$$
$$\beta_5 \text{HHI2\_10} + \gamma_1 \text{Assets} + \gamma_2 \text{Growth} + \gamma_3 \text{Risk} + \gamma_4 \text{Age}$$
$$(9)$$

$$TQ = \alpha_1 + \beta_1 \text{Top1} + \beta_2 \text{Lev} + \beta_3 \text{Lev\_sq} + \beta_4 \text{Topdum\_2} + \beta_5 \text{Topdum\_3}$$
$$+ \beta_6 \text{Topdum\_4} + \beta_7 \text{HHI2\_10} + \gamma_1 \text{Assets} + \gamma_2 \text{Growth} +$$
$$\gamma_3 \text{Risk} + \gamma_4 \text{Age} \qquad (10)$$

$$TQ = \alpha_1 + \beta_1 \text{Lev} + \beta_2 \text{Lev\_sq} + \beta_3 \text{State} + \beta_4 \text{State\_sq} + \beta_5 \text{Execute}$$
$$+ \beta_6 \text{Foreign} + \gamma_1 \text{Assets} + \gamma_2 \text{Growth} + \gamma_3 \text{Risk} + \gamma_4 \text{Age}$$
$$(11)$$

检验结果见表 5-10。

表 5-10 债务结构与公司价值的非线性关系检验

	模型(9)	模型(10)	模型(11)
Top1	1.089*** (2.734)	1.080*** (2.688)	
Lev	−3.249** (−2.225)	−3.392** (−2.315)	−3.186** (−2.165)
Lev_sq	0.765 (0.533)	0.900 (0.625)	0.724 (0.502)
Topdum_1	−0.351*** (−2.996)		
Topdum_2		0.280* (1.945)	
Topdum_3		0.379*** (2.649)	
Topdum_4		1.161* (1.846)	
HHI2_10	4.422* (1.696)	4.114 (1.561)	
State			−2.388*** (−2.979)
State_sq			4.052*** (2.970)
Execute			−8.050 (−0.445)
Foreign			0.244 (1.221)
Assets	−0.626*** (−11.644)	−0.621*** (−11.510)	−0.623*** (−11.599)
Growth	−0.002 (−0.099)	−0.003 (−0.108)	0.008 (0.342)
Risk	−1.550*** (−4.780)	−1.535*** (−4.719)	−1.482*** (−4.531)
Age	−0.036** (−2.423)	−0.036** (−2.442)	−0.042*** (−2.872)

	模型(9)	模型(10)	模型(11)
截距	19.717***	19.295***	20.016***
	(15.355)	(14.740)	(15.199)
N	727	727	727
Adj_R^2	0.306	0.306	0.300
F值	36.627	30.142	32.159

注:①*、**、***表示估计系数在10%、5%、1%置信度水平显著。

②各参数估计值下方括号内的数值为相应的T统计量。

为确定债务结构与公司价值之间是否存在非线性关系,将Lev_sq(即负债率的平方项)带入检验。模型(9)(10)(11)的结果显示,总负债率在三个模型中仍然显著为负,虽然Lev_sq呈不显著的正相关,反映出负债率与公司价值之间呈正"U"型关系,基本可以证明H4假设成立。

(四)融资结构的影响因素分析

1.股权结构的影响因素分析

从现有文献来看,影响股权结构的主要因素主要有经济因素、市场结构、公司生命周期、政府管制规则和政治因素。

基于相关理论分析,股权结构方程(2)的具体表现模型是:

$$Top1 = \alpha + \beta_1 TQ + \beta_2 Lev + \beta_3 State + \beta_4 State\_sq + \gamma_1 Assets + \gamma_2 Age + \Sigma \gamma_3^i Ind\_i \tag{12}$$

其中,被解释变量股权结构用第一大股东持股比例(Top1)来代替,解释变量公司价值变量选取TQ,债务结构变量选取负债率(Lev);为体现中国上市公司的特点,加入国有股比重(State)及其平方项(State_sq);用行业哑变量(Ind_i)控制市场结构和政府监管因素;另外,用Assets控制公司规模、Age控制公司生命周期;α、$\beta_i(i=1,2,3,4)$、$\gamma_i(i=1,2,3)$分别是常数项、解释变量的系数项和控制变量的系数项,方程(12)中略去了随机干扰项ε。回归结果如表5-11所示。

表 5-11　股权结构影响因素的回归分析

模型(12)	回归系数	T 值	P 值
TQ	0.004	1.172	0.242
Lev	0.035	1.141	0.254
State	−0.403	−6.030***	0.000
State_sq	1.211	10.673***	0.000
Assets	0.027	5.741***	0.000
Age	−0.001	−0.622	0.534
截距	−0.309	−2.844***	0.005
N		727	
Adj-R^2		0.412	
F 值		30.924	

注:①*、**、***表示估计系数在10%、5%、1%置信度水平显著。

②在行业哑变量的回归系数中,综合类系数为负,显著水平为1%;信息技术业系数为负,显著水平为5%;电力、煤气及水的生产和供应业,交通运输、仓储业系数为负,显著水平为10%。其他行业不显著。

模型(12)的回归结果显示,state、state_sq再次出现显著的 U 型关系。拐点在17%,超过40%的样本公司的国有股比重超过17%,说明大部分上市公司的第一大股东比例与国有股显著正相关。第一大股东更多来自国有性质,国有股比重越大,上市公司的股权集中度越高。Lev 系数为正,但不显著,说明公司债务越多,第一大股东持股比例越高。公司规模 Assets 系数显著为正,说明中国上市公司的第一大股东在较大公司取得控股地位需要更大的持股支持。上市年限 Age 系数为负,说明公司上市年限增加,第一大股东持股比例会减少,但并不显著。TQ 公司价值系数为正,不显著,说明公司价值越高,第一大股东持股比例越大。

2.债务结构的影响因素分析

从已有研究文献来看,影响公司债务结构的因素主要有公司规模、盈利能力、成长性、非债务税盾、流动性、资产结构、行业差别等。基于此,方程(3)的具体表现形式为:

$$Lev = \alpha + \beta_1 TQ + \beta_2 Top1 + \gamma_1 Assets + \gamma_2 ROA + \gamma_3 Growth +$$
$$\gamma_4 Depreciate + \gamma_5 Current + \gamma_6 Assetstr + \Sigma\gamma_7^i Ind\_i \quad (13)$$

$$Lev = \alpha + \beta_1 TQ + \beta_2 State + \beta_3 State\_sq + \gamma_1 Assets + \gamma_2 ROA +$$
$$\gamma_3 Growth + \gamma_4 Depreciate + \gamma_5 Current + \gamma_6 Assetstr + \Sigma\gamma_7^i Ind\_i$$
$$(14)$$

其中,被解释变量债务结构用财务杠杆(总负债率 Lev)来代替,解释变量公司价值变量选取 TQ,股权结构变量选取 Top1 和 State(为了消除多重共线性,将股权结构变量的 Top1 和 State 分别带入方程,故此处是两个方程),控制变量的矢量包括公司规模、盈利能力、成长性、非债务税盾、流动性、资产结构和行业差别,α、$\beta_i(i=1,2,3)$、$\gamma_i(i=1,2,3,4,5,6,7)$ 分别是常数项、解释变量的系数项和控制变量的系数项,方程(13)和(14)中略去了随机干扰项 ε。回归结果如表 5-12 所示。

表 5-12 债务结构影响因素的回归结果

	模型(13)			模型(14)		
	回归系数	T 值	P 值	回归系数	T 值	P 值
TQ	−0.005	−1.463	0.144	−0.005	−1.484	0.138
Top1	0.022	0.683	0.494			
State				−0.0470	−0.713	0.475
State_sq				0.0614	0.550	0.583
Assets	0.028	5.974 ***	0.000	0.029	6.333 ***	0.000
ROA	−0.699	−6.833 ***	0.000	−0.695	−6.785 ***	0.000
Growth	0.008	4.054 ***	0.000	0.008	4.109 ***	0.000
Depreciate	−0.270	−6.745 ***	0.000	−0.267	−6.653 ***	0.000
Current	−0.053	−15.670 ***	0.000	−0.054	−15.673 ***	0.000
Assetstr	0.200	6.537 ***	0.000	0.201	6.586 ***	0.000
截距	−0.010	−0.0930	0.926	−0.025	−0.236	0.814
N		727			727	
Adj-R^2		0.538			0.537	
F 值		45.404			43.093	

注:①*、**、*** 表示估计系数在1%置信度水平显著。
②模型(13)的行业哑变量回归系数中,交通运输、仓储业参数为负,显著水平1%;建筑业、批发和零售贸易、房地产业参数为正,显著水平为1%;综合类参数为正,显著水平 5% 电力、煤气及水的生产和供应业参数为负,显著水平位 5%。
③模型(14)的行业哑变量回归系数符号同上,只是综合类参数显著水平为1%。

模型(13)和模型(14)回归结果显示,以第一大股东持股和国有股比重及其平方作为股权结构变量回归结果比较接近。TQ 的系数为－0.005,不显著,说明绩效越好的公司负债利用得越少,内部融资利用得更多。ROA 指标在两个模型中都显著为负,说明盈利能力较好的公司更少地利用负债,两者表现一致。

第一大股东持股 Top1 的参数为正,但不显著,第一大股东持股比例越大,总负债率更高,说明第一大股东具有负债融资的偏好,故不能证实 H5(上市公司股权结构与债务结构显著相关)。国有股比重与负债率呈不显著的 U 型关系,拐点在 65%。当国有股比重低于 65% 时,该类公司更少地利用负债,当超过 65% 时,负债融资被更多地利用。这说明国有股股权高度集中或者高度分散的时候,上市公司更能发挥债权的治理功能。

上述实证分析结果进一步验证了融资结构与公司价值的相关性,尤其是非线性关系突出反映出融资结构系统的复杂性特征。数据反映出的融资结构、各影响因素与公司价值的复杂关系与特征有助于深入认识与把握融资结构演化的方向与幅度。

第六章　复杂科学视角下融资结构与政府监管

第一节　融资结构与政府监管政策形成机理

为增强融资结构创造价值机制,企业融资结构系统必须随着时间的推移进行持续不断的适应性学习,其演化过程实际上就是不断进行适应性学习的过程。复杂性科学理论认为,随着外部环境的变化,企业主体接受外部环境的刺激,通过在规则集中寻找相匹配的规则,然后根据规则进行反应。企业系统的适应性学习就是企业主体随着经验积累而不断变换其规则集的规则内容,以提高自身适应环境变化的能力为目的进行规则的搜寻和新规则的发现。

企业融资结构系统主体的规则搜寻包括本地搜寻和全局搜寻两种。本地搜寻是指企业系统主体在企业内部现存的规则集合内进行的规则搜寻,能为企业系统主体带来好处的规则被强化,带来坏处的规则则被弱化甚至淘汰。全局搜寻是企业系统主体在环境系统中寻找适合规则,它会试图采用这些适合规则来支配主体行为,要求企业系统主体自身具备相应的资源与规则契合。政府对企业融资行为的监管是企业融资结构演化过程中必须遵守的游戏规则,属全局搜寻范畴。

"监管"(regulation)在我国学术界通常被翻译为"管制"或者"规制",而在业界则通常称之为监管。在以美国为典型代表的发达市场经济国家,监管始于19世纪末20世纪初。在我国,金融领域是近年来的监管重点,目前已成立有中国证券监督管理委员会(China Securities Regulatory

Commission，CSRC）、中国保险监督管理委员会（China Insurance Regulatory Commission，CIRC），中国银行业监督管理委员会（China Banking Regulatory Commission，CBRC）。近年来监管在很多领域得以重视和强化，如在能源领域成立了国家电力监管委员会（State Electricity Regulatory Commission，SERC），按照国务院授权，行使行政执法职能，依照法律、法规统一履行全国电力监管职责。国家安全生产监督管理总局（国家煤矿安全监察局)也是监管机构，是国务院直属的正部级行政机构，主要负责安全生产、煤矿安全工作的监察等工作。

政府监管，学术界一般称之为政府管制或规制，是市场经济条件下政府为实现某些公共政策目标，对微观经济主体进行的规范与制约。主要通过对特定产业和微观经济活动主体的进入、退出、资质、价格及涉及国民健康、生命安全、可持续发展等方面的行为进行监督、管理来实现。强化政府监管职能，有助于形成包括完善的法律环境、专业化的行业监管机构、多种行业自律组织和公众监督在内的现代监管体系。融资监管政策的制定、实施及与相关利益集团间的博弈问题是影响公司融资结构演化的一个重要问题。

一、金融市场与政府的关系

针对复杂社会经济系统的优化与控制管理，复杂社会经济系统的核心任务是如何对复杂系统的管理层次进行划分，以利于通过不同层次进行系统或组织内部的分工合作来高效应对各种具体问题。其重点包括：(1)决策层次的划分；(2)决策责任的组织分工；(3)对决策总原则的确定；(4)对决策步骤的安排。

融资是企业为满足对资金的需求而在金融市场上从事资金交易的经济活动。从交易与政府的层次关系来看，市场交易是经济基础，政府是上层建筑，既要充分发挥市场经济的自组织功能，也要在此基础上发挥政府的他组织功能。从市场和政府的相互关系来看，市场自组织与政府他组织必须有机结合，上层建筑要建立在经济基础之上，相互协调工作。在没有政府存在的情况之下，作为无政府状态之下的市场是自由的，但市场交易契约难以得到政府的相应保障，市场秩序需要维护者的参与。在图 6-1 中，筹资方代表资金需求者的集合，出资方代表资金提供者的集合，两者的市场交易在政府监管之下完成。市场自由运作的同时又受到政府的一定干预，因而市场的自由和政府的干预就有协调的必要。如何有效地协调市场交易与政府之间的关系就成为一个涉及经济基础与上层建筑关系的重要问题。

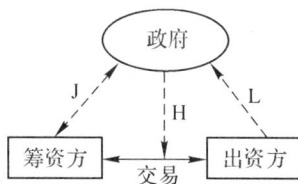

图 6-1　市场交易与政府三角结构模型

政府与融资市场的关系从图 6-1 中的 J,L,H 体现出来,J 为政府与筹资方的关系,L 为政府与出资方的关系,H 为政府与交易的关系,从中可以看到社会系统中经济基础与上层建筑之间的基础性互动关系。

三角结构模型中政府以第三方存在,独立于具体交易者,但筹资方的权益有别于政府的权益和出资方的权益,三方具有各自的特点,属于不同的权益类别,追求不同的目标。筹资方的企业目标在于追求资本约束下的企业价值最大化;出资方追求的是收入约束下的资金效用极大化;作为政府追求的是公共契约约束下的公益极大化。如果政府在市场中能有效发挥监管作用,则在无政府作用假设情况下可能出现的一些问题,如交易的规则问题、货币合法性认同问题、商品度量问题、产权归属问题、契约监管问题、信用信息的公开问题、市场安全的维护问题等就可能得到有效解决。所以,政府在一定程度上具有保证社会交易公平与效率协调解决的作用。

二、融资与监管的博弈分析

演化博弈理论是演化生物学与经济学结合的产物,该理论认为生物可以通过试错的方法达到最终的博弈均衡。历史、制度和经济等因素以及均衡过程的某些细节均会对博弈的多重均衡选择产生影响。融资监管是指政府通过特定的机构(如证监会、银监会、保监会等)对融资交易行为主体进行的某种限制或规定。融资监管本质上是一种具有特定内涵和特征的政府规制行为,利益平衡则是法律的永恒主题。政府监管制度追求的价值不是单一而是混合的,它既要保证行政主体依法行政,从而追求"公益";同时也要保证行政相对人在政府监管过程中不受非法侵害,从而保护合法的"私益",追求的应是公共利益与企业利益的平衡状态。市场经济是以自由交易作为运作的基础,但如果没有政府的支持,市场则难以有效地发挥这一基础功能。政府在交易中既通过税收得到其生存资本,又促使各交易方在交易中发挥其相应的分工职能。交易与政府之间是相互依存的关系。

政府监管是融资治理系统的基础。在 Hart 的不完全契约理论基础上,Pistor 等(2002)提出法律的不完备性理论赋予法官事实上的自由裁量权,实质上也指出政府监管需要发挥主动性。但问题的关键是如何实施有效的监管。融资结构与政府监管的协同演化过程是相互博弈的过程。王凌等(2008)从监管和违规的博弈关系角度进行了分析,得出强化监管的必要性。分析认为,公司决策者与监管者之间的博弈可以看成是两人完全信息静态博弈。公司决策者有两种策略:违规和不违规;公司监管者也有两种策略:查处和不查处。处罚力度、查处成本和不查处的损失这三个关键因素决定了该博弈的均衡性。当处罚力度加大时,查处概率下降,实际违规概率下降;反之则上升。当公司决策者违规对监管者利益的不利影响上升时,查处概率上升,违规概率下降。当监管者的查处成本上升时,查处概率下降,违规概率上升。因此,为遏制违规行为,降低违规收益,增加违规成本,有必要适当强化监管力度,加大规则的强制力。但是,王凌等的分析仅从两者间博弈角度考虑,虽然得出监管的必要性,但没有进行必要的成本效益分析。

政府监管政策的任何变化都会对公司融资结构的演化产生巨大影响。监管政策的全流程主要包括:确定政策目标、选择政策工具、实施监管政策、分析政策效应,检查政策的执行情况。这一过程实际上也正是监管政策主体与监管政策客体行为相互作用和理性决策的动态博弈过程。

(1)融资监管政策博弈的参与者。融资监管政策博弈的参与者有主体与客体之分,主体即监管政策制定者,对证券市场而言,主要是指中国证监会;客体指政策的作用对象,融资主要针对上市公司。当融资监管政策主体从一定目标出发制定政策并发布实施后,客体就会在政策实施过程中做出理性选择以实现自身利益最大化,监管政策的效应因此可能会发生改变。当主体预见到客体的反应及对政策目标的影响时,就会调整下一轮的政策制定,新政策公布实施后,客体重新做出反应,如此反复博弈以至不断持续下去。

(2)融资监管政策博弈中的收益。融资监管政策博弈中的收益实际上是主客体的目标函数,由于博弈中各参与方有不同的利益取向,因而有不同的目标函数。各利益主体目标不一致必然导致博弈的发生。

(3)融资监管政策博弈结果。监管政策的出台能否达到预定目标不是取决于政策制定者,而是取决于各参与方的行为及相互作用。政府监管部门在选择政策目标时,必须考虑市场各参与方的预期,客体也是从自身利益出发做出相应的决策。政策效应实际上是证券市场各参与方在博弈规则(政策)下的博弈结果,是一种静态或动态的纳什均衡。一轮博弈结束后,该监管政策便达到了暂时的纳什均衡状态。当证券市场发生变化,旧政策不能适应新情况时,会再次引发监管政策主体与客体之间的博弈,形成新的纳什均衡。政府监管政策就是在这些反复博弈过程中得到发展和完善的。

(4)博弈规则。所谓博弈规则就是各项政策规定,其对参与博弈的各方都有约束力,参与者要在既定制度框架内自我约束和策略行动。政策规定如果不合理,市场很难达到高效,所以某种意义上政策本身比博弈更重要,政策的变迁和创新是管理层监管工作的重要内容。

三、政府监管的复杂性分析

政府监管对上市公司融资结构的影响主要是通过金融市场实现的,而金融市场的复杂性决定了政府监管的复杂性。每次金融危机爆发后,金融监管都会进行改革,监管规则也因此变得愈加复杂。以巴塞尔协议为例,在篇幅上,《巴塞尔协议Ⅰ》只有 30 页。后来由于交易账户被纳入监管范围,银行内部模型获准用于风险评估,风险权重从按资产类别设定转为按单项资产计算①,使得《巴塞尔协议Ⅱ》的篇幅达到 347 页,是《巴塞尔协议Ⅰ》的 11 倍多。在雷曼兄弟破产两周年之际,受 2008 年全球金融危机的影响,《巴塞尔协议Ⅲ》在瑞士巴塞尔出炉,于 2010 年 11 月在韩国首尔举行的 G20 峰会上获得正式批准实施。《巴塞尔协议Ⅲ》对《巴塞尔协议Ⅱ》做了进一步修改,其篇幅达到 616 页,接近《巴塞尔协议Ⅱ》的 2 倍。巴塞尔协议不断增长的篇幅表明,金融监管的复杂程度在不断增加。不断复杂的监管规则自然增加了监管的复杂性。

金融体系的日益复杂、监管理念的变化、监管者与被监管者之间的博弈关系等导致监管的复杂性增强。主要体现在:(1)融资需求与金融机构日趋增多,金融组织愈加复杂。(2)融资方式及手段愈加丰富,金融业务和产品

---

① 内部模型的出现和基于单笔贷款来计算风险暴露,使得风险权重的估算数量急剧增加。对一个大型的复杂银行来说,每天的风险权重估算量会从此前的单位数增长到几百万。

的复杂性也不断提高。随着资产证券化和金融衍生品的发展,包括利率、汇率、权益类和信用类等多个衍生品品种相继出现,交易主体越来越多。(3)伴随着金融产品复杂性的上升和金融市场的创新,金融风险日趋多样化。金融风险已逐渐由初期的信用风险为主演变为信用风险、操作风险、市场风险、流动性风险以及许多未知风险共存的局面,而各类风险之间的转换和传递也加剧了金融风险的复杂性。(4)融资机构的多样性、融资交易的多样性以及融资行为的多样性都导致了监管的复杂性。(5)伴随着将监管作为一项供给和服务的理念的深化,监管激励已成为各国监管当局努力实现的目标之一,而如何做到监管激励,关键是要实现对风险敏感性的把握,因此增加了政府监管的复杂性;同时,伴随金融市场环境复杂性的提升和风险度量模型不断向复杂性方向的变化趋势,监管也逐渐从较多依赖定性分析转向较多依赖定量分析。(6)融资行为的监管者与被监管者间的博弈也增加了监管的复杂性。在监管规则的制定与实施中,不同利益目标主体会最大限度地寻求利益最大化,这就不可避免地带来规则的复杂性。在我国,企业违法、违规手段越来越复杂隐蔽,而监管执法手段相对不足。随着金融产品创新步伐加快,混合型、交叉型产品越来越多。内幕交易开始向隐名化、集群化、跨界化、多层传递演化,市场操纵出现短线化、多点化、合谋化和跨市场化的趋势。部分违法违规行为涉及的社会关系复杂,既有上市公司、中介机构高管人员,也有金融机构、党政机关干部等,这些都对监管者提出了严峻挑战。

衡量政府监管复杂性的优劣,关键取决于政府监管复杂性的提升是否能带来监管效益的提升。所谓监管效益,就是指以尽可能低的成本将有限的监管与被监管资源进行最优配置以实现其最有效的利用,使监管与被监管资源的配置达到帕累托最优状态。政府监管效益就是达成政府监管目标的成本和收益的权衡。其基本思想是:如果政府监管的复杂性有利于提高监管效益,即有利于在提高监管收益、达成监管目标的同时控制监管带来的成本,则监管的复杂性是合理的;如果由于监管的复杂性带来的监管成本的上升超过其复杂性可能带来监管收益的增加,那么就应该对政府监管进行必要的简化。2012 年在美国堪萨斯联邦储备银行举办的经济政策研讨会"不断改变的政策环境"上,英格兰银行金融政策稳定委员会执行董事安德鲁·霍尔丹(Andrew G. Haldane)和英格兰银行经济学家瓦西利斯·马德拉斯(Vasileios Madouros)发表了题为"对当前金融监管改革的反思"的演讲报告,该报告的一个研究观点是,通过提高金融监管的复杂性应对日益复杂的金融体系可能难以如愿,因为复杂的金融体系本已存在大量的不确定性,复杂的金融监管会进一步增加不确定性,从而减弱监管的有效性;相反,不断复杂的金融体系可能更需要简明有效的金融监管来应对[①]。

基于政府监管复杂性的成本收益分析,就是要在一定的监管资源和复杂性约束下,寻找用最低的成本实现监管效益最大化的途径。按照数学原理,设 x 代表政府监管的复杂程度,则根据上述分析,监管效益是与 x 相关的变量,用 $G(x)$ 表示,同时用 $f(x)$ 表示监管收益,$g(x)$ 代表监管成本,则有 $G(x) = f(x) - g(x)$,假设 $G(x)$、$f(x)$ 和 $g(x)$ 均为连续函数且具备可导性质,则与政府监管的复杂性间具有如下关系:监管收益 $f(x)$ 随监管复杂性的上升而上升,但上升的速度逐渐下降,其一阶导函数 $f'(x) > 0$ 且二阶导函数 $f''(x) < 0$;监管成本 $g(x)$ 随监管复杂性的上升而上升,但是速度逐渐增加,其 $g'(x) > 0$ 且 $g''(x) > 0$。如图 6-2 所示,即监管收益函数 $f(x)$ 呈凸型曲线,而监管成本函数 $g(x)$ 呈凹型曲线。当 $f'(x^*) = g'(x^*)$ 时,监管效益 $G(x^*)$ 达到极值,此时的 x^* 为政府监管复杂性的最优状态。当监管复杂性低于 x^* 时,监管边际收益大于监管边际成本,此时若增加监管复杂性,则有利于提高政府监管的效益;当监管复杂性高于 x^* 时,监管边际收益小于监管边际成本,此时若增加监管的复杂性,则可能会导致监管效益下降,因此应选择降低监管的复杂性,采取措施简化政府监管。

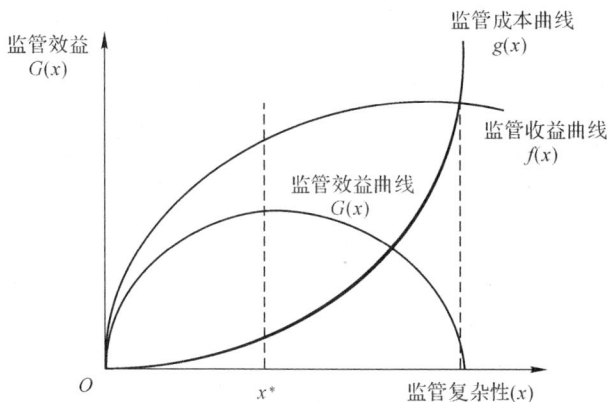

图 6-2 政府监管复杂性最优化

---

① [英]安德鲁·霍尔丹、瓦西利斯·马德拉斯. 当前全球金融监管改革的反思[J]. 新金融, 2013(1).

虽然政府监管收益与监管成本较难量化,但可以确定,监管复杂性的上升必然会在一定程度上带来监管成本的上升;而监管收益既取决于监管复杂程度,还会受到其他因素的影响,如监管执法的成本、企业守法的成本、监管的效率、监管方式的选择、监管主体目标的定位等。因此,政府监管应该在监管路径、监管方法和监管理念中有所改进,实现在一定的监管资源条件下,控制监管复杂性的同时,努力提升监管复杂性带来的监管收益。

第二节 监管政策与公司融资结构

按照系统科学思想,系统与环境之间的作用是双向的,并且在系统形成初期往往存在正反馈机制,该机制的作用会导致系统与环境作为一个整体远离原来的稳态而达到一个新涌现的稳态。系统内部主体之间的相互作用以及系统与外部环境之间的相互作用决定了系统的运行秩序,这是市场经济思维的立足点。

一、政府监管对公司融资的影响

(一)政府对公司融资监管的必要性

关于政府监管必要性的争论始终没有定论。基于传统理性人假设与有效市场假说等理论,针对政府监管与资本市场的自由化程度之间的关系,学者们展开了非常广泛的讨论。这一讨论主要集中在两个方面:一是资本市场是否需要政府监管;二是资本市场中的哪些政府监管促进了资本市场的发展。对此存在两种观点:第一种为监管无用论,即最优的政府监管政策是不干预市场的。这种观点认为,投资者都是理性的,并且具有足够的智慧。如果证券发行方未披露自己的真实信息,市场将会对其做出最坏假设,因此证券发行方为了避免市场过低估计自己的状况,愿意披露自己的真实信息;而如果发行方披露了虚假信息,市场上的中介方(审计师等)为了自己的利益,将会披露发行方的欺诈行为;投资者若发现发行方披露了虚假信息,市场将会对其做出惩罚。因此,自由市场的价格形成是最优与最合理的,也保证了自由市场是证券发展的最佳形式。第二种观点认为,政府监管行为对证券市场的发展是有促进作用的。由于证券发行方的欺骗行为会带来高额收益,使得声誉、合约与侵权法等都难以有效防止发行方欺骗投资者,而且个人侵权诉讼或者是违约诉讼成本过高,不确定因素较多,难以对证券发行方的欺骗行为形成有效预防机制。而证券法可以提供一种合约框架,从而降低诉讼执行成本和投机行为。这两种观点的差异在于选择什么样的政府监管行为更优。

自18世纪开始,古典经济学家们就懂得监管与放松的重要性,新古典经济学文献集中讨论了特殊产业的价格和进入管制问题(Viscusi et al.,2000)。现代管制经济学鼻祖 Stigler(1971)指出,监管起源于利益集团通过寻租游说政府实施产业进出监管政策,从而获得垄断地位及其租金。从新制度经济学来看,(价格或进入)监管只是政府干预市场的许多立法行动之一。监管不仅改变了产权结构,还引起经济当事人常常不能预见的复杂经济后果,从而影响某个社会的财富分配及整体福利水平(Alston et al.,1996)。

古典经济学家认为,市场担当的是守夜人的角色,其"看不见的手"可以自动调节市场中的资源配置。但是,当市场失灵时,人们总是习惯于寻求政府的庇护,而"在某些情形下,政府监管确实可以提高经济效率"(Coase,1988)。不可否认,中国证券市场早期能得以成功发展,与采用行政管制手段来代替薄弱的法律治理有密切联系。陈冬华等(2008)研究认为,政府监管机构在各地区间分配 IPO 资源时,会考虑各地区上市公司发生丑闻的频率以及严重程度,监管机构管制权力的外溢效应产生了一定的正面效果。但也有一些研究结果认为,政府监管的实施效果相对有限,政府审批的执行效率不高。例如,Chen 和 Yuan(2004)研究认为,虽然监管者能够筛选出因操纵非经常性损益达到配股条件的公司,但监管作用是有限的,仍有一些公司通过操纵非经常性损益的方法实现了配股。吴溪(2006)通过考察监管制度化对盈余管理及监管效果的影响发现,监管制度化能够引导申请公司以及监管者的行为并提高盈利指标的监管效果,但在中国特定的制度背景下,仅凭监管者的自主裁量,即使是对非经常性利得这样相对明显的盈余管理手段,监管者的遏制作用也是有限的。

自2007年次贷危机爆发并演化为全球性金融危机以来,人们对金融自由化的质疑与日俱增,强烈呼吁加强资本管制以保障金融安全,包括中国在内的一些发展中国家的资本开放进程开始放缓甚至发生了逆转。但对资本管制是否能有效降低金融危机的风险还值得深思。

纵观证券市场的发展史,大多数证券市场在早期经历股票市场崩溃后,普遍实施严格的证券发行管制制度,希望以此限制公司对投资者的欺诈行为。例如,1711 年英国的"南海泡沫"事件,导致股票市场崩溃。英国随后制定了"泡沫法案",规定成立上市公司必须得到议会的批准,以此来提高证券发行准入门槛。1718 年,法国在"密西西比泡沫"事件后的 160 年间,一直对上市公司实行严格的发行管制。中国股票市场在短短二十几年的时间内发展迅速,上市公司数量从 1990 年的 10 家,增加到 2012 年年底的 2453 家(A、B股合计),投资者开户数在 2012 年年底达到 17065.9 万户[1],但中国股票市场没有发生欧美早期的证券市场和其他新兴/转轨经济国家或地区证券市场普遍发生的崩盘现象,这与政府对股票市场的干预和证券发行管制密切相关。

我国证券发行监管政策的历史演变过程及实务操作过程中配股、增发、可转债发行条件的比较见表 6-1、表 6-2。

表 6-1 证券发行监管政策的历史演变

融资方式	时间	相关规定	主要内容
配股	1993.12 以前	政府特批	
	1993.12	《证监会关于上市公司送配股的暂行规定》	两年连续盈利
	1996.1	《关于 1996 年上市公司配股工作的通知》	最近三年 ROE 在 10% 以上
	1999.3	《关于上市公司配股工作有关问题的通知》	最近三年加权平均 ROE 在 10% 以上,每年不低于 6%;距前一次配股间隔一个完整会计年度;新发行股票数不得超过总股本的 30%
	2000.3	《关于上市公司配股工作有关问题的补充通知》	附加红利政策说明
	2001.3	《上市公司新股发行管理办法》	最近三年加权平均 ROE 平均在 6% 以上
	2006.5	《上市公司证券发行管理办法》	三年总分红大于年均可分配利润的 20%
	2006.9	《证券发行与承销管理办法》	改包销为代销,对配售的要求,强调分红等社会责任

---

[1] 该数据来自中国证券登记结算有限责任公司官网公布信息。

融资方式	时间	相关规定	主要内容
增发	1998年以前	无增发	
	1998	重组题材,政府特批	
	2000.5	《上市公司向社会公开募集股份暂行办法》	四类限制性范围内的公司;三年连续赢利
	2001.3	《上市公司新股发行管理办法》、《关于做好上市公司新股发行工作的通知》	最近三年加权平均ROE不低于6%
	2002.7	《关于上市公司增发新股有关条件的通知》	最近三年加权平均ROE不低于10%,最近一年不低于10%;总融资额不超过上年净资产值;发行前资产负债率不低于行业平均;增发新股超过总股本20%的需股东大会批准
	2006.5	《上市公司证券发行管理办法》	最近三年加权平均ROE不低于6%,引入定向增发条例(非公开发行),强调分红等社会责任
	2006.9	《证券发行与承销管理办法》	配售要求
可转债	1997.3	《可转换公司债券管理暂行办法》	最近三年净资产利润率平均10%以上
	2001.4	《上市公司发行可转换债券实施办法》	对以往现金分红状况、当前现金流状况、业务结构、行业竞争力等予以说明
	2002.1	《关于做好上市公司可转换公司债券发行工作的通知》	ROE最近三年加权平均10%以上,每年扣除非经常性损益后不低于6%;发行前累计债券余额不得超过净资产值的40%,发行后不得超过80%
	2006.5	《上市公司证券发行管理办法》	ROE最近三年加权平均6%以上,每年扣除非经常性损益后不低于6%;发行后累计公司债券余额不得超过净资产的40%
	2006.9	《证券发行与承销管理办法》	配售要求

表 6-2　实务操作过程中配股、增发、可转债发行条件比较①

	配股	增发	可转债
净资产收益率指标	公司最近 3 个会计年度加权平均净资产收益率平均不低于 6%	最近 3 个会计年度加权平均净资产收益率平均不低于 10%,且最近一年加权平均净资产收益率不低于 10%	最近 3 年连续盈利且最近 3 个会计年度加权平均净资产利润率平均在 10% 以上;属于能源、原材料、基础设施类的公司不得低于 7%;最近 3 个会计年度的净资产利润率平均值原则上不得低于 6%,公司最近 3 个会计年度净资产利润率平均低于 6% 的,公司应当具有良好的现金流量
时间间隔要求	1 个会计年度	12 个月	无明确要求
发行数量	公司一次配股发行股份总数,原则上不超过前次发行并募足股份后股本总额的 30%;如公司具有实际控制权的股东全额认购所配售的股份,可不受上述比例限制	增发新股的股份数量超过公司股份总数 20% 的,其增发提案还须获得出席股东大会的流通股(社会公众股)股东所持表决权的半数以上通过。股份总数以董事会增发提案的决议公告日的股份总数为计算依据	可转换公司债券的发行额不少于人民币 1 亿元。可转换公司债券发行后,资产负债率不高于 70%,累计债券余额不得高于公司净资产额的 80%
募集资金量	无明确规定	增发新股募集资金量不得超过公司上年度末经审计的净资产值。资产重组比例超过 70% 的上市公司,重组后首次申请增发新股可不受此款限制	
前次募集资金使用	关注事项	前次募集资金投资项目的完工进度不低于 70%	关注事项

---

① 该表引自:吴水亭.发行管制下政治关系对民企再融资时机的影响及效应研究[D].西南交大博士论文,2010:26.

		配股	增发	可转债
资产负债率	关注事项		发行前最近一年及一期财务报表中的资产负债率不低于同行业上市公司的平均水平	上市公司发行可转换公司债券前,累计债券余额不超过公司净资产额的40%
治理结构、信息披露	关注事项		上市公司及其附属公司最近12个月内不存在资金、资产被实际控制上市公司的个人、法人或其他组织(以下简称实际控制人)及关联人占用的情况。上市公司及其董事在最近12个月内未受到中国证监会公开批评或者证券交易所公开谴责。上市公司及其附属公司违规为其实际控制人及关联人提供担保的,整改已满12个月	关注事项
财务会计	关注事项		最近一年及一期财务报表不存在会计政策不稳健(如资产减值准备计提比例过低等)、或有负债数额过大、潜在不良资产比例过高等情形	

注:①扣除非经常性损益后的净利润与扣除前的净利润相比,以低者作为加权平均净资产收益率的计算依据。

②设立不满3个会计年度的,增发、配股的,按一设立后的会计年度计算;发行可转换公司债券的,以最近3个会计年度平均的净资产利润率与股份公司设立后会计年度平均的净资产利润率相比,以较低的数据为准。

虽然我国证券监管政策不断完善,但由于我国资本市场仍处于新兴转轨时期,针对市场参与者的行为规范正处于建立与完善之中,保护投资者的法律制度还很不完备,中介机构的违规现象非常普遍,市场操纵现象严重,投资者投机气氛浓厚。另外,还存在上市公司质量参差不齐,缺乏长远战略,公司治理机制不够健全,漠视市场游戏规则,上市公司圈钱心理膨胀等问题。A股市场投资者一直呼吁监管机构提高证券发行门槛,实施严格的证券发行管制,限制上市公司的圈钱行为。从我国证券市场的实践来看,每次上市公司融资监管政策发生重大变化后,上市公司的融资结构都会发生较大变化。政府证券监管政策对上市公司的融资结构最直接影响主要体现在三个方面:(1)它决定了上市公司融资方式的选择空间。如果上市公司要进行股权融资,就必须符合股权融资的相关政策,特别是要符合资格条件要求。(2)监管政策会影响上市公司融资行为的成本上升或下降。(3)监管政策会影响上市公司利益相关者的成本与收益。当相关政策尤其是有针对性的监管制度出台后,公司融资行为的相应变化会影响到利益相关者的利益。

经济学上把政府监管分为经济监管和社会监管两类。对上市公司的融资监管属于经济监管范畴。融资结构与政府监管之间的关系主要体现在制度安排上,包括影响股权结构的制度安排、金融市场(包括债权市场与股权市场)的制度安排以及法律和法治环境。政府干预作为制度环境的一个重要组成部分,深刻影响着企业的融资行为和融资效果。尽管我国市场化改革正在逐步深化,政府职能的转变和国资监管体制的改革等使政府在经济活动中的作用逐渐减弱,但政府在资源配置中仍扮演着重要的角色。监管与市场不是简单的替代或者互补关系。只有在完全市场竞争条件下,市场才不需要政府监管。在竞争缺失(自然垄断)的情况下,需要政府监管制度来替代市场竞争;在不完全竞争情况下,需要政府监管来规范市场秩序、降低交易成本,通过监管规则提高资源配置效率。

Spulber(1989)提炼出三类需要监管的领域:(1)针对进入壁垒的监管;(2)针对外部性的监管;(3)针对内部性的监管。从融资角度而言,针对垄断问题[1]的监管主要是对市场准入和垄断企业的价格、投资、成本与服务质量的直接干预与控制。实践表明,"商业化企业＋政府监管"是解决垄断问题的主流模式。外部性监管主要是解决成本收益不对称导致的资源配置无效率问题,例如环境、安全、健康等问题;也可以采用基于市场的监管手段,例如税收政策、利率调整等。内部性监管主要是解决由于信息不对称与合约不完全导致的市场失灵问题,要求政府建立健全干预市场交易的合约条款规则,包括资本市场的证券发行、退出、信息披露等规则。通过事前、事中与

---

① 可竞争市场理论认为,如果不存在进入壁垒,市场具有可竞争性(contestable),即市场的进入和退出是完全自由的,即使市场上只有一家企业,潜在的进入竞争威胁也会抑制其市场势力的运用,因此不需要政府监管,需要监管的是那些由于需要大量沉淀性资产而自然形成的进入壁垒和垄断的领域。

事后的监管可以降低法律程序和执行成本,规范市场秩序。

针对垄断问题的监管与针对不完全竞争问题的监管通常属于经济性监管,而针对外部性的监管则通常属于社会性监管。

证券市场监管政策的目的是促进市场繁荣,优化资源配置,维护公共利益,保障公平、公正。研究表明,解决信息不对称问题是证券市场实现公平的关键,因而融资监管政策的一个基本点就是对上市公司信息披露进行管制。从我国再融资监管政策中对净资产收益率要求的变化可以反映出这一特征。例如,证监会 2002 年 7 月发布《关于上市公司增发新股有关条件的通知》中对增发公司的要求规定,"三年平均净资产收益率不低于 10%,且最近一年净资产收益率不低于 10%",但在 2006 年 5 月颁布的《上市公司证券发行管理办法》中,对加权平均净资产收益率的要求由原来平均不低于 10%改为 6%。在不同的政策要求下,上市公司先后出现了"10%现象"和"6%现象",这反映出上市公司与其信息使用者之间的博弈关系。

我国再融资监管政策的实践特点主要是依据公司业绩进行管制,净资产收益率是非常重要的业绩指标,证监会根据上市公司披露的净资产收益率水平决定是否允许其配股或增发。因此,净资产收益率成为计划再融资公司的努力目标或操纵的首选对象,致使上市公司与证监会之间在信息不对称情况下针对净资产收益率信息的披露展开博弈。

我国资本市场在转轨时期存在严格证券发行监管与金融创新监管,给企业的融资行为和融资结构带来了约束,但这是市场发展过程中的必然选择。

(二)对上市公司融资监管效果分析

对于处于转轨时期的中国经济来说,公司所处的制度环境,如政府与公司关系、金融发展水平、法律制度环境等都会对公司融资决策产生重大影响。

我国证券市场的发展以及公司治理的改革都具有鲜明的政府监管色彩,我国改革所取得的巨大成就可以部分归功于政府监管(Qian Sun et al.,2003)。我国对上市公司融资结构的政府监管主要体现在证券发行的监管上。证券发行体制改革的实践表明,我国资本市场的制度安排正逐步从"政府主导型"向"市场主导型"方向转变,这不仅能够增强定价的准确性,使市场的发展得以顺利推进,也使市场各参与主体在获得各自利益的同时承担相应的责任和风险。

从我国近年来政府对上市公司融资监管效果来看,存在以下现象。

1.股票供给限制和卖空限制

对上市和再融资资格的管制抑制了我国股票市场的流通总量。在投资者的风险——收益偏好存在较大差异的情况下,限制流通股的供给将导致股票价格的提高。另外,由于投资者的异质性,限制卖空也会提高股票价格。提高流通股价格意味着降低流通股股权平均成本,这不但会使上市公司的投资行为发生扭曲,也可能是导致上市公司偏好股权融资的主要原因。

2.财务危机成本

企业财务危机直接含义是指企业现金流出现周转上的困难,企业无法维持正常的资金周转,直到出现破产倒闭。企业倒闭可能使股东投入血本无归,也可能造成股东的机会损失,这些利益损害构成了财务危机的直接成本。但企业陷入财务危机的表现并不总是停止经营活动,而是出现经营环境上的困境,企业财务困境一旦被相关利益群体所认定,并出现抛弃企业的行为,企业就会真正陷入财务危机。摆脱财务困境的唯一办法是需要企业(新股东和新债权人)的重新投入,所投入的资金数值(挽回成本)构成了财务危机的间接成本,相当于企业蒙受的损失。财务危机发生的概率及间接成本的幅度是决定企业融资行为选择的一个非常重要的因素。通常,财务危机发生的概率越大,间接成本越高,企业债务融资的动力就越小,所以,发生财务危机的概率和间接成本是约束企业负债的重要因素。当企业可能出现财务危机时,债务不再是一个促进产出的增长因素,而成为一个制约的因素。对上市公司来说,财务危机的成本是一个非常复杂的问题,至少受到三方面因素的影响:(1)2006年8月27日通过、2007年6月1日开始施行的《中华人民共和国企业破产法》对债权人和债务人的利益予以清晰的法律界定。按照《破产法》规定,一个企业退出市场,资可抵债的清算退出市场、注销登记;资不抵债的应该通过破产程序正常的退出市场。事后来看,这会降低财务危机的成本。但在事前,这会增加债务融资的代理成本和交易成本。(2)处于财务困境中的公司最需要股权融资,但对上市公司再融资的监管往往使公司很难获得公开市场股权再融资的机会,这无疑会提高财务危机的成本。(3)如果需要清算,上市公司的"壳资源"①一般也会让财务困境公司的主管部门和/或地方政府对其进行重组,但这会提高债务融资的代理成本,降低经济运行的效率。这说明政府监管通过对公司财务危机产生影响而改变公司融资结构。

3.国有股权控股

我国很多上市公司是由国有股权控股,股权分置改革在短时间内也难以改变这一局面。这些上市公司的经理和国家大股东之间存在较高的代理成本,这必然会对上市公司的融资行为和融资结构带来影响。

4.税制

税制是决定债务净税盾价值的主要因素之一。我国税制有两个特点:(1)利息税和股利税执行固定税率,同时免征资本增值税,因此 Miller(1977)描绘的内点均衡可能不适用于中国。(2)由于对一般上市公司实行各种税收优惠,导致债务的净税盾价值很小。尤其是 2005 年 6 月股利税实行减半以后,债务税收优势更是大幅下降,这使得公司更倾向于增加股权资金调整融资结构。

5.再融资政策

再融资政策是政府对上市公司再融资进行监管时所采用的准则和制度。由于再融资监管政策所涉及的当事人在目标和利益上存在对立与冲突,当事人之间的行为也存在相互影响,致使再融资政策具有典型的博弈特征,直接影响到公司的融资结构。

(三)证监会的监管作用分析

我国证券市场经过二十多年的发展,逐步形成了以国务院证券监督管理机构、国务院证券监督管理机构的派出机构、证券交易所、行业协会和证券投资者保护基金公司为一体的监督体系和自律管理体系。1992 年 10 月,中国证券监督管理委员会(以下简称中国证监会)成立。中国证监会是国务院直属机构,是全国证券、期货市场的主管部门,按照国务院授权履行行政管理职能,依照相关法律、法规对全国证券、期货市场实行集中统一监督,维护证券市场秩序,保障其合法运行。我国政府对上市公司的监管主要由证

---

① 刘力和王震(2003)的实证研究表明,ST(处于财务困境)公司的股票价格与其账面价值基本无关,在一定程度上验证了中国上市公司确实存在"壳资源"价值。

监会承担。1997年8月,国务院将上海和深圳两个交易所划归中国证监会直接领导,沪深两个交易所成为在中国证监会直接领导下统一的中国股票市场的两个运行系统。这使得交易所与政府监管机构之间的关系更多地体现为领导关系而非监管关系,交易所成为了中国证监会行政监管的代理机构,实践中,它们担负起了一线监管者的职能。中国沪深两个证券交易所建立于1990年12月①,在我国股票市场的运作中居于核心地位,在市场维护、开发和管理上起到了不可替代的作用。主要表现为在早期颁布和实施了股票市场运作的一系列业务规则和自律管理规章,并且以先进的电脑和通信技术为依托,建立了高效率的股票交易、结算和信息发布系统(胡继之,1998)。1993年的《股票发行与交易管理暂行条例》、1998年和2005年修订的《证券法》对交易所的地位都有相应规定,并且对交易所的监管职能也有相应授权。2005年修订的《中华人民共和国证券法》第115条明确规定:"证券交易所对证券交易实行实时监控,并按照国务院证券监督管理机构的要求,对异常的交易情况提出报告。证券交易所应当对上市公司及相关信息披露义务人披露信息进行监督,督促其依法及时、准确地披露信息。"第118条规定:"证券交易所依照证券法律、行政法规制定上市规则、交易规则、会员管理规则和其他有关规则,并报国务院证券监督管理机构批准。"此外,中国证监会颁布了《证券交易所管理办法》②并经过多次修订,规定了交易所的组织结构、运行机制和相应职责等。中国证监会所做的大量工作为促进我国资本市场的健康发展起到很大的作用,但由于其特有身份,使得其在代替政府履行监管职责过程中,也存在一系列弊端。目前中国证监会具有两种职能(陈信元等,2003),首先它是资本市场的秩序维护者,要对上市公司在制度、行为方面是否符合法律程序进行监管,尽量保证资本市场能够在法律制度框架下运作,这与成熟资本市场证券监管机构职能类似;其次,我国资本市场新兴转型的基本特征没有发生根本性变化,证券发行体制仍然是行政色彩较浓的核准制,离真正的核准制③还有差距,中国证监会拥有资本市

---

① 交易所成立时间早于中国证监会成立的时间(1992年10月),也早于国务院出台的第一个关于股票的行政法规时间——1993年的《股票发行与交易管理暂行条例》。

② 中国证监会和国务院证券委员会相继在1993年、1996年、1997年和2001年颁布和修订过多个《证券交易所管理办法》,目前生效的是2001年修订的《证券交易所管理办法》。

③ 在真正的核准制下,拟发行公司不需要各级政府实质审核其证券发行申请,只要符合《中华人民共和国证券法》和《中华人民共和国公司法》相关要求即可进行证券发行。

场证券发行资格的实质审批权(中国证券监督管理委员会,2008),这是成熟资本市场证券监管机构通常没有的权力(章铁生等,2012)。

下面仅针对证券发行审核中的监管问题进行具体分析。

1989年至1998年间,我国对证券发行的监管模式始终是"审批制",1998年后,中国证监会引入发审委制度,"审批制"开始向"核准制"过渡,政府原则上不再下达规模指标,但发行额度可以跨年度使用。中国证监会于2001年3月正式采用"核准制",自2004年2月1日起在证券发行上市核准制的基础上引入了保荐人制度,这些措施使证券市场的运作更加市场化,也为其进一步发展奠定了坚实的基础。但是,虽然制度设计比较理想,但并没有有效抑制虚假上市、新股业绩大幅下滑的现象。例如,2004年6月12日披露的"江苏琼花"隐瞒委托理财事件①。2007年3至12月,深市中小板共首发80家公司,2008年一季报便有7家公司出现亏损,20家公司净利润同比下滑,合计占比为33.75%②。2008年7月16日,深圳证券交易所发布的《2007年中国证券市场主体违法违规情况报告》将矛头直指中国证监会,认为其过度集权。纵观近十年来证券发行审核中的监管现状,如下问题值得深思。

1.证券发行监管乏力

新股发行是资本市场的入口,资本市场的许多问题和矛盾都根源于新股发行制度的缺陷③。由于我国证券虚假发行上市的现象屡禁不止,致使证券发行审核机制广受批评,指责的焦点之一就是中国证监会的监管问题;同时,发行审核机制不得不面对保荐人制度的不完善、证交所监管的形式化等问题。主要体现在:

(1)保荐人与上市公司共同造假。建立保荐人制度的目的在于保障上市申请人信息的真实性,但是,上述"江苏琼花"将资金使用状况予以隐瞒,但也通过了保荐人审查,这种保荐人与上市公司共同造假的情形不能不让人对保荐人制度效用产生怀疑。保荐人的职责是在证券发行上市过程中,要承担对信息披露真实性的审查义务,但在实际中一些保荐人往往与上市

① 中国证券监督管理委员会.中国证监会对江苏琼花进行立案稽查[EB/OL].[2009-07-10]. http://www.csrc.gov.cn/n575458/n776436/n804920/n2466262/n3567637/3567799.html.
② 王晨波等.股票发行审核:证监会的"畸形"权力[J].中国新闻周刊,2004-12-06.
③ 艾西南.新股发行审核制度的变革与反思[EB/OL].[2009-07-10].http://www.jjxj.com.cn/articles/7867.html.

公司共同做假,致使"荐而不保"。保荐机构职能定位不合理,保荐人与主承销商"捆绑式"身份可能是"荐而不保"的主要制度性弊端产生的根源。保荐是对申请上市公司信息披露的真实性以及达到上市标准的担保,而承销的目的是取得销售的最佳业绩,追求利益最大化,两者的职能有很大区别。保荐人以利益为目标,为了取得最佳销售,自然有动力与上市公司联手作假。2011 年 12 月,因为 IPO 造假而名声大噪的胜景山河①"阴魂不散",中国证监会对此开出有史以来针对保荐代表人的"最严厉"罚单。负责该公司保荐业务的平安证券两名保荐代表人林辉和周凌云双双被中国证监会撤销保代资格,保荐机构平安证券以及终审会计师事务所和律师事务所被出具警示函②。2013 年 5 月 10 日,中国证监会正式公布了对万福生科造假上市一案的处罚结果,万福生科公司、高管及相关中介机构均受到了重罚,其中,对保荐机构平安证券的处罚,是 2004 年保荐制度出台以来对保荐机构开出的最严厉罚单。③ 万福生科案突出反映了相关发行人和中介机构诚信意识淡薄、职业操守存在严重缺陷,既有违信息披露基本要求和市场"三公"原则,又严重损害了投资者利益。令人玩味的是,中国证监会的处罚力度日趋加大,但违规行为仍有蔓延之势,这种现状让我们必须重新审视保荐人制度的合理性。

(2)中国证监会监管不力。虽然中国证监会对违规作假的保荐人已开出一系列罚单,但人们仍然对中国证监会提出大量质询。即使上市公司与保荐人合作造假,在我国实行"实质审查"的情况下,中国证监会也应当通过审慎审查,保证获准发行上市的公司资料的真实性,而虚假发行频频发生,暴露出中国证监会发行审核的巨大漏洞,中国证监会自然难辞其咎。2013年起,我国证券监管部门对 IPO 在审企业启动了"史上最严财务核查",同时也对上市新股进行严查,尤其是业绩变脸的企业。这表明,目前监管部门正

---

① 湖南胜景山河生物科技股份有限公司(简称胜景山河)。2010 年 10 月 27 日,胜景山河 IPO 获中国证监会发审委通过,但在 12 月 17 日胜景山河即将登陆深交所的前夜,有媒体发文称其招股书披露不实,涉嫌虚增销售收入等情况,监管紧急叫停,公司申请暂缓上市。2011 年 4 月 6 日,中国证监会发出《关于撤销湖南胜景山河生物科技股份有限公司首次公开发行股票行政许可的决定》,该《决定》认为,胜景山河在招股说明书中未披露关联方及客户信息,构成信息披露的重大遗漏。经中国证监会发审委会议再次表决,胜景山河首发申请未获通过。至此,胜景山河成为继立立电子和苏州恒久之后,成为中国证券史上第三家"募集资金到位、但 IPO 最终被否"的拟上市公司。

② 叶静.中国证监会开出"最严厉"罚单.信息时报,2011 年 12 月 01 日.

③ 杨波.中国证监会开出史上最重罚单.人民网,http://finance. people. com. cn/stock/n - 0511/c348678-21444585.html,2013-05-10.

在努力扭转监管不力的局面。

（3）证券交易所上市审核形同虚设。虽然《中华人民共和国证券法》（2005 年修订）已将上市审核权赋予了证券交易所，但由于中国证监会在证券交易所审核之前已经根据"首次公开发行股票并上市管理办法"和"上市公司证券发行管理办法"对申请人是否具备股票公开发行及上市的条件进行了实质性审核，因此，证券交易所的上市审核权基本是形式上的，实质上是中国证监会决定了申请人能否进行股票公开发行及上市。这相当于是两层审核实为一层，降低了违法上市情况被查处的概率。

2. 监管主体权力配置不合理

我国目前监管主体的权力配置不尽合理，致使其职责难以有效履行，没有充分发挥其监管作用。

监管的首要职责应该是通过执法维护市场的公平交易秩序，但因为种种原因使中国证监会没有成为执法者，而是成为市场的管理者。由于目前中国证监会的职能超出了其应当合理承受的范围，使得我国证券市场上执法不力的现象普遍存在。

2008 年深圳证券交易所发布的《2007 年中国证券市场主体违法违规情况报告》（以下简称《报告》）引起轩然大波。《报告》在对造成 2007 年市场违法违规的各种因素进行分析时认为："证券监管机构对证券市场实行集中统一的领导，在缺乏必要权力制约机制（如议会审查和司法审查）的状况下，中国证监会监管的内容和范围不断扩张，还享有相当独立的立法权和规则制定权，并监督和指导交易所业务规则的制定。除此之外，中国证监会还承担着市场发展、平抑股市、救市托市等特殊职责。……监管机构对市场的干预无限扩张，超出行政力量应该调控的范围、层次和力度，不仅没有弥补市场机制缺陷，反而妨碍了市场机制作用的正常发挥。"①虽然中国股市监管成效不佳的现状遭到很多指责，但由于深交所采用公开报告形式对其上级中国证监会进行批评，此举足以引发人们重新认识中国证监会过分集权的现象，进而对如何重新配置中国证券市场的监管权力进行深入思考。

在我国现行股票发行审核制度中，要求申请公开发行股票的拟上市公司不仅要依法公开披露所有应当公开的信息，而且要对该信息的真实性、准

---

① 深圳证券交易所综合研究所.2007 年证券市场主体违法违规情况报告[R].2008:36-37.

确性、完整性承担责任,还需要对发行人的经营状况、公司治理、资金投向、投资价值、竞争实力、持续发展等方面接受证券监管机构的"实质性审查"。但是,实质审查的义务却让中国证监会难以承受,为此广受指责。中国证监会发行审核委员会对于拟上市公司的材料只能是"书面审核",难以对申报材料的真实性做出准确判断。同时,仅通过会计数据核查和法律形式审核来判断一个公司的真实状况也是很难做到的,即使是专业会计师、律师和经济学家也很难对他们所不熟悉领域的发展前景做出全面准确的判断。而市场却将上市公司质量把关作为中国证监会的必然职责,将虚假上市的责任直指中国证监会,确实有些勉为其难。

中国证监会关于发审委的规章历经三次修订:《中国证券监督管理委员会股票发行审核委员会条例》(1999)、《中国证券监督管理委员会股票发行审核委员会暂行办法》(2003)、《中国证券监督管理委员会股票发行审核委员会办法》(2006)。每一次制度的改进都反映了中国证监会对于发审委透明化、公正化的希望,然而恐怕发审委本身难以承担这种责任,因此每一次改进都收效甚微。①

作为发行审核机关,中国证监会既对企业信息披露的真实性承担着审核的责任,同时,还承担着监管市场的责任。这使得一些企业一旦造假成功、顺利发行上市后,若中国证监会再查处企业虚假上市情况时等于自查过错,必然有所顾忌。对于中国证监会而言,由于其集各种权力于一身,同时缺乏有效的外部监督,因而不适宜对自身进行监管。但由于中国证监会职能定位的冲突使其具有监管与被监管的双重身份,职责难以有效履行在所难免。

3.证券交易所监管职能未能发挥

一般情况下,公司上市的一道重要审核程序是由证券交易所进行审查,但长期以来这道审查程序并没有得到足够的重视。公司上市需与证券交易所进行协定,明确应具备哪些条件、如何上市、在哪一板块上市。交易所根据自身业务发展和市场的需求进行审核,这样可将市场的需求经由交易所充分体现在上市审核方面,有利于发展交易所分层次经营和建立多层次的资本市场。但是,由于我国目前证券交易所上市审核权力基本被中国证监

① 李政辉.实质审查抑或形式审查?——政府与市场关系的考察视角[J/OL].[2009-07-10].中国改革论坛,http://www.chinareform.org.cn.

会剥夺,不仅证交所难以发挥其应有的作用,使中国证监会压力也过大,从而导致 2008 年深圳证券交易所会借"报告"向中国证监会"索取"权力的行为。

　　传统理论一般认为交易所监管的性质为自律监管,相比政府监管有一定的优势(于绪刚,2001)。但针对我国交易所目前监管现状,人们开始质疑交易所监管的性质,以及是否适合履行监管职能等问题。有学者认为,我国证券交易所监管的权力来源于政府,而非契约,证券交易所是政府主导下的自律监管组织,主要依据证券监管部门让渡和授予权力来行使市场管理职能。[①] 彭冰等(2005)认为,证券交易所的监管功能并非外部机构附加给交易所的,而是交易所自发和内生的功能。虽然如何认识交易所的监管功能目前理论上还是一个值得研究的问题,但现实中证券交易所确实在承担着更多的政府监管职责。从我国法律法规的规定以及目前实践看,我国的证券交易所已经成为政府监管机关的附属机构,缺乏独立性。中国证监会对于交易所享有绝对的控制权,这些权力可以概括为对交易所的人事控制权、章程和规则的批准和要求修改权、业务的审批权以及日常的监督权等四项重大权力。

二、股权融资与监管

　　自 1990 年 12 月上海证券交易所成立以来,我国股票市场得以迅速发展。但是,我国股票市场的发展主要得益于政府推动建立,并非市场化机制,由国务院、中国证监会以及具有相关权力的部委和地方政府等形成了关系复杂、具有浓厚行政色彩的监管体制。在证券市场建立初期,主要是由地方和交易所行使证券发行与审核的权力,自 1992 年后,国家决定将发行审核权交给中国证监会负责。在这种体制下,特别强调股票市场规范、发展和市场承受能力的高度统一。除了基础性的监管制度外(例如信息披露、限制内幕交易等),其监管理念、政策和发展路径均与西方及其他新兴市场不同。最为典型的是股票发行方面(包括 IPO 和再融资)的监管政策,从发行条件、申请审核和最终发行全过程实施控制,设置了一系列条件(例如:发行额度、融资规模、通道、发行审核、发行市盈率以及发行时机等)。前文表 6-1 总结了配股和增发两种再融资方式的管制政策的变化情况。

---

　　① 北京大学光华管理学院——上海证券有限责任公司联合课题组.证券交易所管理市场职能的法律性质研究.//上证研究法制专辑,复旦大学出版社,2003,p.45.

由表6-1可以看到,无论是配股政策还是增发政策都随着时间的推移而发生着变化,而且公司进入股票市场进行融资的门槛也在不断改变。从表6-1中还可以看出,配股政策和增发政策在时间段上并不一致,反映出监管部门各时期监管重点的变化。

由于我国证券市场是从计划经济体制发展而来,相对于制度比较成熟的西方市场,具有其特定的制度背景,主要表现在新股发行制度和股权分置两个方面。自20世纪90年代初我国证券市场建立以来,新股发行制度在发展中不断完善,逐渐趋向市场化,在发审制度、定价方法和发售方式等方面都进行了一系列改革。成熟的资本市场,股票发行一般施行注册制,而我国股票市场目前仍施行严格的核准制,即发行者在发行证券前必须提交相应的文件,然后监管者对发行者的各个方面按照发行要求进行审核,只有获得监管机构批准的才可以发行证券,这是监管者采取强制措施进行的事前监管。吴水亭(2010)运用动态博弈理论分析了两种监管制度下市场参与主体的最优策略,研究认为,核准制和注册制在不同环境下具有适用性;总的来说,注册制造成的社会福利损失较小,选择注册制有利于市场参与各方的利益,有利于证券市场的发展。2013年11月发布的《中共中央关于全面深化改革若干重大问题的决定》中提出要推进股票发行注册制改革,这将引发我国证券市场革命性的深刻变化。但是,从核准制到注册制应是一个渐进的过程,不会一蹴而就。推行注册制需要一些配套措施,除了新股发行制度改革,还需要有监管、信息披露、退市以及相关法制完善等方面的配套。同时,实施注册制离不开其强有力的执法力度、专业化的人才监管队伍,以及信用度高的中介体系。没有与注册制相适应的配套条件,实施注册制只能事与愿违。虽然注册制使股票融资更加市场化,但并不是弱化监管。在注册制下,监管的力度还应加强,只不过发行监管部门和股票发行审核委员会仅依法对发行申请文件和信息披露内容的合法合规性进行审核。发行人是否具备持续盈利能力、是否符合法定发行条件,由保荐机构负责做出专业判断。

我国股票市场尚属于新兴转轨市场,投资者法律保护环境还不够健全,微观治理机制比较残缺,中小投资者难以与控股股东或内部人对等博弈;而且股票市场的中介机构还不完善,投资者间有较大差异,因此,从施行核准制、保荐制到注册制逐渐过渡,对公司公开进行股票融资制定相应的制度,有助于发挥股票市场优化社会资源配置的作用,也是社会发展过程中的必要选择。我国上市公司股票市场的供给目前具有以下两大特征:(1)股票发行管制。我国资本市场正在完善过程中,政府实施比较严格的证券发行管制机制:首先,公司发行证券需要满足财务门槛指标(净资产收益率、现金红利分配等);其次,符合发行准入条件的上市公司还面临发行定价、发行时机、发行节奏、发行规模等方面的行政管制。例如,在股票市场低迷时期或因为某种特殊需要,监管机构会暂停股票发行(股权分置改革初期的2005年下半年和2006年);在全流通股改期间,中国证监会一度停止股票发行;在股票市场上升时期,则放松发行节奏管制。(2)政府会基于宏观调控和产业发展的需要而限制甚至中断正常的金融产品供给。因此,即使企业满足股票发行条件,也未必能在需要时获得股权资本;例如,为了配合政府的宏观调控和产业政策,中国证监会会相应限制一些行业的IPO和再融资(如限制房地产企业上市和再融资、限制产能过剩行业的企业上市和再融资)(王正位、王思敏、朱武祥,2011)。在现行发审制度下,由于公司股票的发行节奏由政府实际控制,这种行政化的政府发行管制制度导致公司不能自主掌握融资时间点,因而难以有效利用市场时机进行最优融资决策以达到目标融资结构。

从宏观角度来看,股票发行监管和限制有助于增强宏观调控的有效性,推动新兴证券市场的持续稳定发展。但从微观角度来看,由于产品竞争环境日趋激烈,股票融资监管导致公司股权融资面临很大的不确定性,直接影响到企业行为和融资结构。一方面,部分上市公司为了达到股权再融资的条件,会造成上市公司财务报表信息存在一定程度的失真,关于净资产收益率的"10%"和"6%"现象最具代表性;另一方面,满足不了相应的条件,无法进行相应的股权融资来平衡权益融资和债务融资之间的成本和风险。

因为严格的股权融资监管制度会增强资本市场的"摩擦性",而且上市公司从股票市场融资时的"摩擦"远大于从银行系统融资时的"摩擦",导致融资结构的调整速度存在不对称的现象,即向上调整负债率比向下调整负债率相对容易;对企业来讲,充分利用股权融资可以增强负债能力,股权再融资的机会对上市公司更为珍贵;从这个角度看,上市公司在负债率低于行业平均水平的情况下,仍然选择股权融资,是对股票市场融资存在较大"摩擦"的理性反应(王正位、赵冬青、朱武祥,2007)。

新制度经济学认为,有限理性下交易费用的存在将导致机会主义行为,从而促使制度产生变迁。即使通过变革使制度给出新的约束条件,一般合约主体仍然会有实施机会主义行为的能力和空间，从而产生循环。我国在转型经济背景下，股票市场退市监管和再融资监管制度的演化历程就呈现了这一特征。监管制度的变化也会使上市公司针对监管制度的机会主义行为产生变化，两者形成博弈行为。因此，监管制度的建立与完善必须进行全面分析。虽然制度不可能是完善的，但是在制定制度时就要考虑到监管对象可能采取的机会主义行为，并在即将实施的制度中设定相应约束条件以削弱其出现的概率，这会有助于减少一些不必要的相应成本及制度变迁历程。

国内外学术界对证券发行进行监管的有效性存在许多质疑，例如，Stigler(1964)比较了美国证券交易委员会(SEC)监管前的 1923—1928 年和监管后的 1949—1955 年两个时间段新发行股票剔除市场因素后的表现，发现这两段时间的股票平均收益并没有明显差异(持有两年后才略微好转)，监管只是使标准差变小。Stigler 据此认为，美国 SEC 的监管只是把特别好的公司和特别差的公司一起排除掉，并没有让 19 世纪 50 年代的投资者比 19 世纪 20 年代的投资者获得更好的收益，没有起到保护投资者的效果。

在我国，上市公司 IPO 后，权益融资的主要形式是配股和增发新股。为了保护流通股股东的利益和稳定股票市场，监管机构对上市公司再融资(配股、增发、可转换债券等)设置了严格的准入门槛。包括再融资前 3 年的净资产收益率水平、资产负债率等一系列财务指标，以及发行定价和发行规模等。虽然设置的再融资门槛在一定程度上抑制了上市公司的"圈钱"行为，但现有的再融资审核监管程序对抑制上市公司恶意再融资行为的作用有限，恶意融资行为依然大量存在。在再融资监管不到位的情况下，受短期利益诱惑，上市公司仍热衷于恶意再融资，这也是在多层委托代理关系导致企业内外治理机制不完善的背景下，相关利益主体寻租活动的"理性"选择。证监部门的发行审核监管对上市公司的恶意再融资行为只起到了有限的约束作用，其主要问题是对管理者的机会主义行为和融资后的用资行为缺乏有效的约束和监督。此外，对再融资的限制尚不能保证历史业绩好的公司能拥有未来的绩优项目，甚至会产生一些负面影响。例如，一些好的企业无法实现有价值的投资，而一些公司可以通过业绩操纵获得再融资资格。尽管西方学者关于公司融资结构研究已经形成了一套有效的分析框架，并开发出不少相关理论，但是他们的研究假设和应用都离不开自身所处的资本市场环境；作为转轨时期的中国资本市场，无论是市场的发达程度还是所面临的政府监管环境，都和西方发达资本市场有较大差异，因此不能简单地将西方学者的研究套用于我国的研究之中。在影响我国公司融资结构的因素中，除了传统理论所关注的影响因素外，股票市场再融资管制也是一个重要因素（王正位，2006）。此外，上市公司存在股权融资时机的选择，在短期内这种行为会对公司的融资结构产生影响。造成这一结果的主要原因在于中国证券市场的监管部门对上市公司的股权再融资行为有严格的限制条件，譬如对再融资公司净资产收益率的要求及发行新股间隔时间的限制。虽然对上市公司再融资行为有诸多限制，但相关监管部门并没有对符合再融资条件的上市公司的融资计划及其后期的资金使用进行有效的监督，从而使得上市公司只要获得融资资格就可以进行股权融资，这样公司在融资时往往不是从资金使用效率角度考虑，而是重点关注融资的时机。此外，事前监管政策过严也容易导致上市公司对股权融资机会的滥用。

三、债务融资与监管

对上市公司而言，债务融资主要是银行借款（包括长期借款与短期借款）和债券融资，融资期限与融资利率是影响融资结构的主要因素。从目前的研究现状来看，许多研究已经发现政府监管对企业债务融资存在重要影响，但理论与实证研究中对这种影响具体体现在哪些方面并没有得出一致结论。魏明海等（2006）认为，应该结合企业面临的外部法律、金融等制度环境、政府干预来考虑企业的筹资决策，并认为企业在不同的制度环境下，会做出不同的筹资行为；在面对我国各地区存在着较大外部制度环境差异的同时，应该考虑到企业在不同的制度环境下会做出不同的债务筹资决策。企业面临的市场化进程、经济发展水平以及金融制度等环境因素都决定了政府监管对债务融资的影响。

由于成熟的法律环境难以在短时间内迅速形成，所以包括中国在内的新兴市场国家普遍面临法律对投资者保护不足的问题（郑志刚，2007）。一般认为，如果企业所处的制度环境较好，法律成本也就较低，债权人的利益就能够得到比较好的保护，因此债务人违约的概率就较低。在这种情况下，如果上市公司的负债水平较高，这说明债务人倾向于通过债务融资这种硬信息（hard information）向外部投资者传递公司质量较好的信号（Ross，

1977；Leland & Pyle,1977；Jesen,1986）。即在较好的治理环境下,较多的债务融资更容易发挥"治理效应"（Faccio et al.,2001）。反之,如果制度环境相对较差,则债权人的利益就难以得到充分保护,即使其他条件完全相同,制度环境较差的地区其上市公司债务发生违约的概率相对就较高。尽管与债权人保护有关的法律法规（如公司法、破产法、合同法、担保法、民事诉讼法等）在全国基本相同,但各地保护债权人的具体实践可能也有所差异。

在我国从计划经济向市场经济转轨过程中,各地的市场化进程存在明显差异（樊纲等,2006）。一般认为,市场化程度较高的地区对债权人的保障程度也会较高,而对债权人的有效保护能增强人们对司法公正性的信心,也会增强人们运用借贷手段的心理预期。

针对债务融资期限问题,Demirguc-Kunt 和 Maksimovic（1999）、Giannetti（2003）等研究表明,各国企业的债务融资期限结构受到法律对投资者的保护程度、市场发展程度和政府管制制度环境因素的制约。他们认为,如果金融体系发展较好,法律和司法体系也能够很好地保护债权人权益,那么债权人会倾向于为企业提供更多的长期债务融资。Fan 等（2003）针对不同国家间制度因素（包括法律、税收制度、信息流动性等）对债务期限影响进行比较研究发现,不同国家的法律、税收等制度因素导致企业债务期限结构存在明显差别,经济越落后、法律保护越差、相关制度建设越不完善的国家,企业资产负债率越高、债务期限越短。Charumilind 等（2006）发现,相比没有"政治关系"的企业,拥有"政治关系"的企业能从银行那里获得更多的长期贷款,而且在获得长期贷款时只需提供较少的抵押资产。国内关于债务期限结构的研究中,主要关注的是政府干预和金融发展对公司债务期限结构的影响,如孙铮等（2005）、江伟等（2006）、黎凯等（2007）的研究。孙铮等（2005）采用樊纲和王小鲁（2001）构造的地区市场化程度及政府干预程度指数,研究了地区的市场化程度与政府干预程度对我国上市公司的债务期限结构的影响,结果发现市场化程度高、政府干预少的地区的上市公司的长期借款占总借款的比重较低,其原因主要在于政府对企业干预程度的不同。江伟和李斌（2006）研究认为,相对民营上市公司,国有上市公司能获得更多的长期债务融资；而在政府干预程度比较低的地区以及金融发展水平比较高的地区,国有银行对不同性质公司的差别贷款行为有所减弱。尽管他们都认为金融发展和政府干预会影响企业债务期限结构,但研究视角与结论却有很大差异。何威风(2010)认为,这与研究中忽视我国企业所存在的制度环境差异有重大关系。财政分权是我国转型经济中重要的体制设计,既有制度层面的内容,又有政策层面的内容。财政分权不仅使地方政府的利益逐渐凸显,加强了地方政府的权利和责任,而且形成了地方政府间的相互竞争机制,随之也就加强了地方政府追求区域经济利益的动机和意识(沈坤荣、张瑾景,2008)。财政和金融作为政府汲取社会资金的两个渠道,财政分权后的地方政府也往往通过加强对金融部门信贷资金流向的干预来保障正常行使其政府职能(周立,2003)。在正常情况下,银行的短期贷款大多被企业用于流动性较强的资产,一般在短时间内对企业的资产结构和价值不会造成较大的波动,这有利于债权人对偿债风险的掌握。因此,在金融不发达的地方,银行一般倾向于企业的短期贷款,目的在于减少贷款风险,增加对债务人的控制。但是,上述关系可能会在政府的干预下发生变化。在我国,由于财政分权使地方政府有了较大的经济自主权,这为干预地方国有企业债务融资提供了便利条件,尤其是企业所在地区的分权化程度越高,政府对长期借款的影响比短期借款的影响会更大。

对于债务利率问题,在1993年党的十四届三中全会提出利率市场化改革的基本设想以来,利率市场化改革走过了近二十年历程。2012年,我国利率市场化改革再次提速。1996年以来,按照党中央、国务院的统一部署,我国的利率市场化改革不断稳步推进。2012年6月和7月,人民银行两度下调人民币存贷款基准利率,同时扩大存贷款利率的浮动区间:将存款利率浮动区间的上限调整为基准利率的1.1倍,将贷款利率浮动区间的下限调整为基准利率的0.7倍。虽然还没有完全放开管制,但朝着利率市场化的方向又迈出了坚实的一步。当前,我国利率市场化改革已取得重要进展,金融机构差异化、精细化定价的特征进一步显现,市场机制在利率形成中的作用明显增强。

中国对存贷款利率实施管制经历了由严格到宽松的演变过程。虽然我国股票市场已发展了二十多年,但公司债券市场仍然处于初期发展阶段。对存款利率的管制可能导致存款利率偏低,进而把部分储蓄资金挤向股票市场,从而推高股价;对贷款利率下限的管制使得贷款利率下限偏高,进而使得优质上市公司产生逆向选择行为,更加偏好股权融资(唐国正,2005)。优质上市公司的逆向选择行为反过来会降低银行客户的平均信用等级和贷款的平均质量;即使完全放开利率管制,由于四大国有商业银行在贷款市场上所占的份额很高,贷款市场仍然可能偏离完全竞争而形成合谋(唐国正,2005)。

利率管制是金融管制的重要组成部分。《企业债券管理条例》规定:"企业债券利率不得高于银行相同期限居民储蓄定期存款利率的40%。"这种硬性规定导致不同企业发行的同期限债券在利率上没有大的差别,使得企业债券利率的确定缺乏市场定价机制。理论上,不同企业发行的企业债券具有不同的风险等级,需要对应的报酬(利率水平)进行补偿。在利率基本固定情况下,风险不是得不到合理补偿,就是过度补偿,使得企业债券的供给与需求无法均衡。

我国企业融资的70%以上还是靠间接融资,即靠银行贷款。以往决定间接融资的存贷款利率还没有市场化,主要是由政府定价。利率市场化的一个标志就是使利率的决定权由政府或中央银行手里转到由商业银行来自主定价。存贷款利率没有市场化,那就表明主要利率没有市场化。

利率市场化改革,涉及银行、国有资产和企业之间多方面复杂的利益格局。利益的权衡、时机的把握,都是非常复杂的问题。从政府监管角度,当前,我国是加快利率市场化改革的好时机,主要表现在:一个是现在金融体系,特别是银行的盈利大大高于实体经济;二是我国现在通货膨胀率也相对较低;三是从金融支持实体经济的角度,现在也有必要适当地加快存贷款利率的市场化。同时,人民币汇率也相对处于一个比较均衡的状态,人民币升值的压力比前几年明显减轻,这个时候是加快推进我国利率市场化的极好时机。

利率市场化以后会引导货币资金合理流动,优化资源配置,提高资源配置效率。利率市场化的过程,既会激发银行业的经营管理创新,提升经营管理能力和行业竞争力,也会为企业的融资能力、融资结构带来新的挑战。政府通过存款利率上限管制,保证了企业和社会基建项目较低的融资成本,利率管制的真正受益方是资金使用人,如果放开利率管制,受益的将是存款人。受益方和受损方的互换,将导致整个社会财富分配格局的改变。

2013年7月20日前,人民银行仅对金融机构人民币存款利率上限和贷款利率下限进行管理,货币市场、债券市场利率和境内外币存贷款利率已实现市场化。经国务院批准,中国人民银行决定,自2013年7月20日起全面放开金融机构贷款利率管制,取消金融机构贷款利率0.7倍的下限,由金融机构根据商业原则自主确定贷款利率水平。取消票据贴现利率管制,改变贴现利率在再贴现利率基础上加点确定的方式,由金融机构自主确定。对农村信用社贷款利率不再设立上限。全面放开贷款利率管制后,金融机构与客户自主协商定价的空间将进一步扩大,一方面有利于促进金融机构采取差异化的定价策略,降低企业融资成本,并不断提高自主定价能力,转变经营模式,提升服务水平,进一步加大对企业、居民的金融支持力度;另一方面,将促使企业根据自身条件选择不同的融资渠道,随着企业越来越多地通过债券、股票等进行直接融资,不仅有利于发展直接融资市场,促进社会融资的多元化;也为金融机构增加小微企业贷款留出更大的空间,提高小微企业的信贷可获得性。总体看,此项改革是进一步发挥市场配置资源基础性作用的重要举措,对于促进金融支持实体经济发展、经济结构调整与转型升级具有重要意义。

目前,我国利率改革还没有进一步扩大金融机构存款利率浮动区间。从国际上的成功经验看,放开存款利率管制是利率市场化改革进程中最为关键、风险最大的阶段,需要根据各项基础条件的成熟程度分步实施、有序推进。2003年以来,我国金融机构公司治理改革取得了重大进展,但尚未完全到位,同时存款保险制度、金融市场退出机制等配套机制也正在逐步建立过程中。为此,我国还需继续完善市场化利率形成机制,优化金融市场基准利率体系,建立健全金融机构自主定价机制,逐步扩大负债产品市场化定价范围,更大程度发挥市场机制在金融资源配置中的基础性作用,稳妥有序地推进存款利率市场化。

我国债券市场①起步晚,但发展迅速。我国自1981年开始恢复发行国债,于1984年开始发行企业债券。由于当时还未颁布实施《中华人民共和国公司法》,公司制还不是主流企业制度,所以我国企业早期发行债券的主要根据是1987年颁布的《企业债券管理暂行条例》和1993年颁布的《企业债券管理条例》。虽然1993年年底通过的《中华人民共和国公司法》对公司发行

---

① 由于中国债券市场特有的发展路径与多头监管的体制特点,债券交易一般在银行间市场、上海证券交易所、深圳证券交易所、商业银行柜台市场等场所发行和交易,其中,在上海证券交易所和深圳证券交易所发行和交易的债券通常被称为交易所债券或者上市债券。本书重点分析的公司债券主要是指在沪深两大交易所上市的公司债券。

债券的有关事项做了进一步的规定,但其中"公司债券"的规定并没有真正执行,发行债券仍然遵循《企业债券管理条例》。由于我国企业债券的发行主体基本上是国有企业,发行采用额度审批制,并由银行担保,因此企业债券的管理带有浓厚的计划经济特点,与国际资本市场上通行的公司债券管理有较大差异。1997年4月,中国证监会颁布了《可转换债券管理暂行办法》,随后即开始正式发行40亿元可转换债券"南化转债",并于9月2日在上海证券交易所上市交易。此后中国债券市场取得迅速发展,市场交易规则逐步完善,债券市场的规模和形式都不断增加,债券交易系统和托管体系等基础建设也不断加快。但目前仍存在现有银行间、交易所和银行柜台三个市场间相互分割,市场化的债券信用体系没有很好建立及债券市场多头管理体制等重要问题,造成我国债券市场与国外成熟市场相比仍存在较大的差距①。已发债企业在进行债券融资决策时主要考虑的经济因素递进次序是:(1)相对于银行贷款而言债券融资成本低;(2)银行贷款受期限和额度的限制;(3)企业有足够的预期现金流;(4)不愿意股权被进一步稀释;等等。但是,公司债券加快发展以后,由于债务融资的便利性大大提高,一些建设周期较短、风险较低的投资项目完全可以通过债券市场融资来完成;而股票市场将主要面向一些周期较长、风险较高的投资项目。

目前,我国债券市场品种日渐丰富,尤其是公司债发展速度最为突出。2007年8月14日,中国证监会颁布《公司债券发行试点办法》,同年9月24日,我国成功发行了第一单公司债券——长江电力公司债券,并首次引入受托管理人和债券持有人会议,强化了对债券持有人权益的保护。此后公司债券市场逐渐成为我国债券市场的重要组成部分。

随着监管政策的放松和债券市场化进程,虽然交易所债券在总体债券发行中的占比依然不高,但从2000—2012年的统计数据来看,上市公司债券发行规模不断扩大。2012年,交易所发行债券总规模达到了21797亿元,占债券总发行量的28.0%(见表6-3)。

---

① 中国证监会主编.中国资本市场发展报告[M].北京:中国金融出版社2008年版:110—113。

表 6-3　2000—2012 年交易所债券发行总规模(亿元)与占比

年份	交易所	所有债券	占比
2000	190	6435	3.00%
2001	885	7532	11.80%
2002	1550	12400	12.50%
2003	2358	21322	11.10%
2004	3397	28351	12.00%
2005	5109	44489	11.50%
2006	6643	59911	11.10%
2007	6275	81394	7.70%
2008	7014	72422	9.70%
2009	16545	85000	19.50%
2010	18117	91207	19.90%
2011	17710	74991	23.60%
2012	21797	77961	28.00%

数据来源:国泰安数据库,上海证券交易所网站。

其中公司债券在债券发行总量中的比例不断上升。2012 年在交易所发行的公司债券总额达到了 2.18 万亿元,占债券总发行量的 28.0%。2000—2012 年全国与交易所各类债券发行规模趋势详见图 6-3、图 6-4。

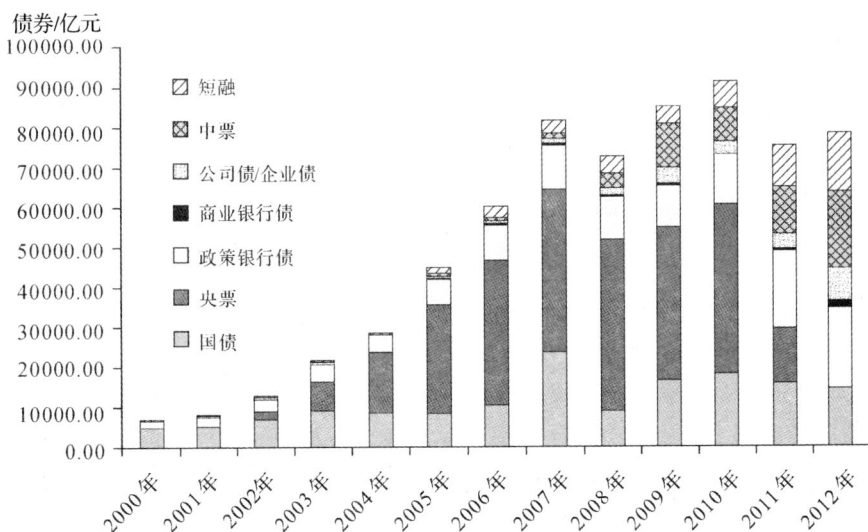

图 6-3　2000—2012 年全国各类债券发行总规模

数据来源:国泰安数据库,上海证券交易所网站。

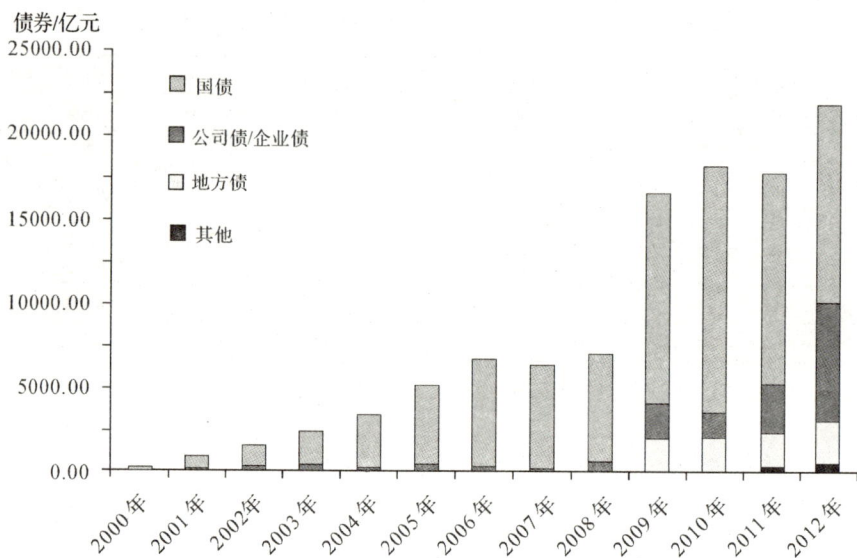

图 6-4　2000—2012 年交易所各类债券发行总规模

数据来源：国泰安数据库，上海证券交易所网站。

近年来，债券融资的比重已超过股票融资，成为各类市场主体直接融资的主渠道。

债券市场对于完善货币政策传导机制，推进利率市场化、维护金融稳定，优化金融资源配置，都具有重要作用。从目前债券市场余额占 GDP 的比例看，按 2011 年有关资料统计，中国仅为约 50％，比美国的 172.94％、德国的 78.89％、英国的 73.28％低得多；2011 年中国公司债券发行规模占 GDP 的比重只有 6.87％，而美国这一比例已经达到约 20％。① 说明我国公司债券市场具有巨大的发展空间。

成熟完善的企业债券市场既有助于投资者进行资产组合与风险控制，也有助于企业优化融资结构。通常情况下，一国企业债券市场的正常运作能够发挥投资与融资、风险管理、价格发现、资产配置等诸多功能。但中国企业债券市场因多年来呈现出的多头监管格局而广受非议。长期以来，中国企业债券市场的发行制度限制多、门槛高、企业债券供给制度滞后于市场需求，这些都带有严格的政府管制色彩。我国企业债券市场监管目前存在

---

① 王毅，李艳.上市债券风险预警与处理机制研究，第 23 期上证联合研究计划报告，2013 年 1 月．http://www.sse.com.cn/researchpublications/latest/.

的主要问题有：(1)多头监管，职能重复问题严重。我国把企业债券市场监管权分别授予中国人民银行、国家发改委和中国证监会，从而造成监管权分散，形成多头监管的体制。中国人民银行负责对短期融资券、中期票据、中小企业集合票据等非金融企业债务融资工具进行监管，发债主体所募集的资金由企业自主决定使用；国家发改委主要负责对城投债、企业债券和非上市公司发行的公司债券进行监管，发债主体主要为中央国企、地方重点企业，所募集的资金主要投向国家重点项目或基础设施建设；中国证监会主要对上市公司发行的公司债券进行监管，发债主体所募集的资金由公司自主决定使用。此外，在企业债券发行过程中，按有关法律规定，国家发改委审批项目；中国人民银行审批利率，监督管理企业债券信用评级等；中国证监会审批企业债券的承销资格。同一类型的债券由三家监管机构进行监管，就会导致监管标准不一、监管套利、监管重复等问题。这种多头监管的局面导致审批效率低下、企业债券融资效率不高等诸多问题。(2)监管过度行政化，违背市场经济的发展要求。企业债券发行主要有核准制和注册制两类审批方式。我国债券市场的建立和发展正处于从计划经济向市场经济转型的时期，因此在企业债券发行市场监管方面，政府监管始终具有浓厚的行政特色。从监管的强度来看，核准制到注册制行政色彩有逐渐减弱的趋势。行政化使得监管部门在主导和分割债券市场方面具有相当大的权力。过度行政化存在以下问题：首先，行政核准制导致债券市场有效配置资源的效率下降。其次，核准制使得投资者利益保障机制低效运作。另外，核准制人为地限制了市场的发展规模，扭曲了市场化机制，易导致"寻租"和腐败行为的产生。近年来，政府监管不断改革，非金融企业债务融资工具的发行采取了注册制，并加强了市场自律监管，但行政核准制度仍然在相当范围内继续实行。(3)相关法律法规不健全，与市场经济不匹配。由于多头监管，导致适用的法律法规的依据也不相同。如中期票据的发行和交易适用中国人民银行制定的《银行间债券市场非金融企业债务融资工具管理办法》；企业债券的发行和交易适用《企业债券管理条例》以及《国家发展改革委关于进一步改进和加强企业债券管理工作的通知》、《国家发展改革委关于推进企业债券市场发展、简化发行核准程序有关事项的通知》；上市公司债券的发行和交易适用中国证监会发布的《公司债券发行试点办法》。同时，由于概念界定等问题，导致法律法规之间存在管辖范围不清、监管规则重复等问题。企业类债券适用不同的法律导致债券发行条件有着显著的不同,容易导致市场混乱和监管套利,这种状况不适应现在市场经济的发展和企业发展的要求,有必要修正与完善企业债券市场相关的法律法规。

企业债券市场发展的滞后将影响股票市场优化资源配置功能的发挥,以及上市公司融资方式的选择,进而影响债权融资的公司治理效果及提升公司价值的能力。因此,政府必须加大发展与完善企业债券市场的力度,使债券市场与股票市场协调发展,为企业进行债权融资创造更加有力的市场条件,促进证券市场的繁荣与稳定。发展我国企业债券市场,必须对现有制度进行改革与创新,而政府作为制度供给主体,应当遵循市场发展规律,为企业债券市场的发展提供现实基础。

第七章 复杂科学视角下融资结构、公司价值与政府监管

第一节 融资结构、公司价值与政府监管 (FCG)整合框架设计

融资结构、公司价值与政府监管都是公司(尤其是上市公司)持续经营所必须面对的关键问题。目前围绕企业融资的价值创造与监管的研究主要集中在三个层面:(1)结合转轨过程我国资本市场改革的需要,探讨金融市场化取向的改革与正面监管;(2)针对企业融资与监管间的博弈分析提出监管取向;(3)对监管不力现象进行深入分析与改革。

虽然目前经济学家、管理学家针对这三方面的研究都已取得丰富成果,但从企业角度观察,融资结构、公司价值与政府监管构成立体空间的三个维度,在企业持续发展过程中相互影响、协同演进。对于上市公司来说,为提升公司价值不仅要解决公司资金需求问题,还需不断改进和完善融资结构体系,在满足政府监管要求的前提下协调好企业内外部各种利益相关者与企业发展的关系。因此,融资结构、公司价值与政府监管三者关系密切,演化过程不可分割,因而在对三者分别进行深化研究的同时,非常有必要将三者结合起来进行系统性和复杂性的整合研究。很多专家学者的研究已体现出对此的关注,但多数还只是侧重于对其中两者之间的关系研究,缺乏对三者的一体化研究。但现实中企业的融资结构与政府监管在其发展进程中,

不仅都是为适应复杂环境、实现各自目标而不断演化并趋于"完善",而且两者之间也相互影响并实现着协同,因此非常有必要针对融资结构、公司价值与政府监管三者从复杂性视角进行分析。本章将从融资结构价值创造机制出发,剖析融资结构、公司价值与政府监管三者的内在联系及整合途径,并基于复杂性科学视角进一步尝试对融资结构、公司价值与政府监管三者在企业发展进程中的协同演化机理做深入研究。以下论述中将融资结构(financing structure)、公司价值(corporate value)和政府监管(government regulation)三者简称为FCG。

市场造就了企业,但企业与市场又不相同。市场的主要功能在于合理配置资源,而企业不仅要在内部合理配置资源,而且要在外部环境约束下,通过有效管理和治理,对能够配置的资源进行合理利用,通过协调好各利益主体来使资源效用最大化,实现为企业价值增值的目的。因此,基于企业价值创造的融资结构与政府监管协同运作机制是企业融资结构演化的必然趋势。

企业融资结构、公司价值与政府监管(FCG)可以整合于企业发展的同一界面下的前提就在于它们都具有价值性质基础——三者都与企业的价值和财富运作机制紧密相关。从企业本质的价值特征出发,融资结构与政府监管必将紧密联系在一起。前面已经述及,融资结构与政府监管具有互动性特征,是一个不断优化的过程。融资结构的本质功能就是价值创造。企业基于外部环境和内部环境的变化,不断适时地对融资结构进行动态调整,在保证企业处于财务安全状态的同时,实现企业价值最大化。政府监管是在以市场机制为基础的体制条件下,政府为解决市场失灵、规范市场秩序,干预和干涉经济主体活动的行为。政府监管与企业经营虽然具有不同的目标函数,但监管不是与企业对立,而是在体现社会公平、公正的前提下,要有利于企业价值的提升。融资监管应注重促进企业价值提升与资本市场的健康发展,形成合理有序的资本市场融资体系。从企业发展来看,在一定经济、法律环境下,企业价值取决于其所处行业的市场结构、市场行为和市场绩效。政府应当通过对市场结构、市场行为和市场绩效的有效监管,达到优化竞争,反过来影响企业融资结构、行为和绩效。因此,政府应恰当地运用适度的压力、杠杆作用力来规范企业融资行为,形成以市场机制作用为前提的监管。融资监管改革既要遵循现代市场经济条件下融资监管的一般规律,又要满足经济体制转变、资本市场增长方式转变的特殊要求。我们将通

过构建融资结构、公司价值与政府监管的整合框架(简称 FCG 整合框架)予
以分析(见图 7-1)。

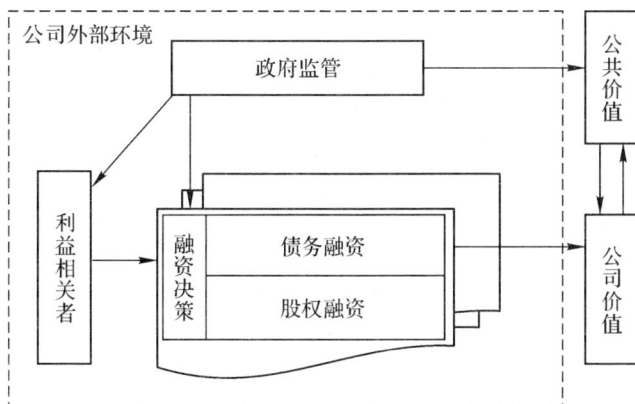

图 7-1　融资结构、公司价值与政府监管(FCG)整合框架

图 7-1 中,框架间的勾稽分别表示在复杂环境下融资结构、公司价值与
政府监管三者之间的关系。企业通过协调各利益相关者的关系,运用各种
可能的筹资方式,采取一系列筹资活动,将可获得的资源通过合理的结构配
置形成最佳融资结构,形成了有利于企业价值增值的资金运作机制。政府
监管通过完善监管体系,形成符合市场规律,有利于企业利益及相关者利益
最大化目标实现的相容监管,从更广的社会范围来保障企业的价值财富。

而且,在 FCG 整合模型中,融资结构对公司价值的影响主要体现在对企
业内外部环境因素适应方面,如经济因素、市场结构、公司生命周期、政府管
制规则、政治因素、公司规模、盈利能力、成长性、非债务税盾、流动性、资产
结构、行业差别等。企业内外环境的变化使企业融资决策的复杂性增加,融
资决策者必须平衡企业各利益方的价值要求,合理设计融资结构,以更好地
实现融资结构价值创造。同时,政府监管规则也会对公司融资结构产生重
大影响。因为,融资结构价值创造机制的形成必然受到政府监管规则的影
响,例如,政府监管机构对企业融资的规模、形式、时机、成本及期限等都会
产生不同程度的影响,而且随着这些影响的强弱以及重要性的升降,企业融
资结构各利益主体的作用就会发生变化,使企业价值分配平衡的边界也随
之会发生变化,进而导致融资结构在受到企业内外部环境因素的约束与影
响下不断调整,演化形成新的融资结构。

第二节　融资结构、公司价值与政府监管的关系演化分析

一、融资结构、公司价值与政府监管的演化过程

（一）融资结构的演化

融资结构理论的演进脉络与经济学理论的演进密切相关,经济学理论的发展为融资结构理论的研究打开了新的通道,如随着信息经济学的兴起,引入不对称信息的分析框架使得对融资结构问题的研究逐渐进入现代阶段。但迄今为止,如何通过调整融资结构以提高企业价值,以及如何确定最佳融资结构问题,仍没有得出令人信服的结论。在实践中,我国企业融资结构的演化始终与经济发展密切相关。

我国企业融资结构的演化过程大致可以划分为三个阶段:

(1)计划经济体制下财政主导型的融资结构。1978 年前,我国实行的是高度集中的计划经济管理机制,金融机构只有中国人民银行一家,既是中央银行又是商业银行,虽然掌握全国大约 93％的金融资产,但仅仅是政府的附属物,不具有独立的资金配置权,不能为企业提供真正意义上的贷款。在这种体制下,企业融资渠道非常单一,财政资金是主要的资金来源,信贷资金只是作为补充。并且由于资金基本上是由国家无偿提供的,所以企业在使用资金时不计成本,利率并不能作为对企业资金需求余缺进行调节的有效手段。企业也不能按照自身的经营情况来调整资金需求,所有的资金供给都是计划安排的,它不随企业的实际需求变动,具有很强的刚性。财政主导型融资模式的种种特点造成了这个阶段国有企业的资产负债率非常低。

(2)转轨经济体制下银行主导型的融资结构。1979 年开始,随着中国金融体制改革的推进和金融发展水平的提高,企业融资模式由计划经济体制下财政主导型融资模式开始向转轨经济体制下银行主导型融资模式转变。1980—1987 年间,政府通过一系列改革打破了企业原有的单一融资渠道,各种融资方式均得到不同程度的发展,尤其是银行融资得到了飞速发展。从1980 年起,财政不再向银行增拨信贷资金。在此之后,中央银行与商业银行相分离,商业银行与政策性银行相分离,成立股份制商业银行,设立非银行

金融机构,这些金融体制的改革大大改善了我国的金融环境。同时,从制度上对财政与银行的职能进行了较大改革,使财政不再向国有企业增拨流动资金,而银行不仅是企业流动资金的供给者,也是企业固定资金的主要供给者,银行融资在企业融资结构中的比重大幅增加。

(3)市场经济为主导的融资结构。随着改革开放的不断深化和社会经济的发展,由国家财政或者银行向企业提供资金的单一融资模式逐渐被打破。尤其是1987年以后,财政预算投资在全社会固定资产投资的比重不断下降,财政融资功能日趋弱化。1992年以后,中央明确提出国有企业改革的方向是建立现代企业制度,要使产权关系明晰,改变过去以政府行政手段分配资本,企业融资渠道单一,信贷约束软化的局面,并实行资本金制度,努力按照市场经济的通行规范强化投资主体自我约束机制。经过改革,企业取代了原先的财政部门或政府部门成为融资的主体,融资方式也从过去单一的财政拨款发展到财政融资、银行融资、股权融资、债券融资等多种方式并举的局面。1994年以后,银行融资虽然仍是企业融资的主要渠道,但是其重要性已开始下降。同时,由于商业信用融资、国际融资、债券市场和股票市场的飞速发展、新金融工具的不断推出,出现了信托存款、可转让大额存单、国债、企业债券以及职工股、法人股、可转换债券等多种融资形式,使企业融资方式越来越灵活。随着国债、企业债券、金融债券、股票等各类金融工具开始上市流通,证券流通市场的建立带动了直接融资的发展。加上利率改革的实行,利率结构趋向多样化,企业对融资方式的选择余地更大,企业融资多元化的格局初步形成。

我国企业融资结构从银行主导型向市场主导型演进,有内生要求和外在推动两方面原因。企业融资结构变迁的内生要求表现为企业对利润最大化的追求。企业迫于市场竞争的压力,不得不根据经济系统内部及政府施加的金融功能提升的要求进行调整,以此追求利润最大化。企业为适应市场经济的竞争与变革,伴随用于转移和增加流动性的直接融资工具的大量产生,企业会根据自身的发展需要及针对金融市场的变化,及时调整其融资规模和融资方式,通过对金融工具的选择和运用,将传统的以银行借款为主的间接融资方式不断向市场直接融资的多元化融资模式转变。

融资结构变迁的外在推动表现在企业融资需求驱动和政府干预。从需求驱动来看:首先,直接融资与企业组织的形式发展相适应。企业的组织形式有独资、合伙和公司制,公司制是现代市场经济中主导的组织形式,而直接融资是与企业公司制相适应的。其次,直接融资更适合产业结构递进对资金融通的需求。在我国工业化初期,发展相对熟悉的传统工业,可以利用银行较低交易成本的优势为经济的发展筹集资金;而在工业化后期,需要发挥证券市场的优势使资金得到合理的利用。间接融资和直接融资之间的格局变化由经济和金融发展的内在规律决定,虽然政府不能任意改变,但可以加速或者延缓融资结构变动的进程。

基于共同演化的视角,企业融资结构与企业内外部环境之间是一种动态的互动关系。企业是环境系统的一个要素,企业融资行为将影响或改变环境,而其本身也受环境的影响。企业融资结构的演化路径是曲折的,演化过程也是一个试错的过程,这种演化结果只有最适应性而没有最优性。因为企业的内外部环境、自身的经营成果与财务状况总是处于不断的变化之中,从而导致企业融资结构可能不断地偏离其最优融资结构;而且,企业的最优融资结构水平自身也是在企业与相关利益者的协调与博弈过程中不断地发展变化的。根据上述分析可知,经济发展水平、金融环境、制度背景、公司战略、公司治理、公司特征等因素对融资结构动态演化都起到重要作用,即企业融资结构根植于其所处的环境并与之共同演化。

(二)公司价值的内涵

主流观点认为,公司价值是该公司预期自由现金流量以其加权平均资本成本为贴现率折现的现值,它与公司的财务决策密切相关,体现了资金的时间价值、风险以及持续发展能力。即公司价值与未来相联系,因此其未来增值能力、公司风险以及存续期是决定公司价值的三个基本要素。而外部经济环境、金融环境、法律环境,以及公司所处行业、公司治理状况等因素通过影响公司未来增值能力、公司风险以及存续期这三要素而改变公司价值。从管理学角度来讲,公司价值可定义为公司遵循价值规律,通过以价值为核心的管理,使所有与企业利益相关者(包括股东、债权人、管理者、普通员工、政府等)均能获得满意回报的能力。一般来讲,公司价值越高,对其利益相关者的回报能力应该就越高。从数学角度来看,由于公司价值等于股权价值加上债权价值,而股权价值与债权价值存在博弈关系,因而融资结构对公司价值会产生重大影响。

市场竞争的动态过程引发了企业融资结构与政府监管的搜寻、学习、变异(创新)及选择,最终促使公司价值演化。而且,随着环境的日趋动荡,公司价值演化的速度也变得越来越快。公司价值是竞争结果的动态表现。如上所述,外部经济环境、金融环境、法律环境,以及公司所处行业、公司战略、公司治理状况等因素是影响公司价值演化的重要因素。

(三)证券监管体制及制度演化过程

我国证券监督体制的演变与我国经济体制的发展是同步进行的。中国证券管理体制经历了从无到有、从简单到复杂、从多头到统一、从分散到集中、从幼稚到成熟的发展过程。

1. 财政部主管阶段(1981—1985 年)

这一阶段的证券形式主要是国库券,主要由财政部来组织发行和管理。受计划经济体制的影响,国人对投资缺乏足够的认识和热情,因而国库券的发行一般是通过行政摊派的办法来实现。证券市场制度主要表现在一种约定和规则,制度演化的动力是对潜在收益的自发搜寻,动力的源泉是经济改革背景下的企业扩张、逐利欲望,证券市场只是处于萌芽状态阶段。

2. 以中国人民银行为主的监管阶段(1986 年—1992 年 10 月)

在这一阶段,我国对证券市场没有集中统一的管理,而是在中国人民银行和中国经济体制改革委员会等部门决策下,主要由上海、深圳市两地地方政府管理。证券发行与交易仅限于上海和深圳两市试点,首先需经国务院同意,然后由中国人民银行和中国经济体制改革委员会等部门共同决策。在实际运作过程中,上海与深圳的地方政府充当了主要管理者的角色,两地人民银行分行相继出台了一些有关法规,对证券发行与交易行为进行规范。

1988 年,人民银行批准部分试点地区成立融资公司并放开了国库券交易市场,居民、企业、地方政府、相关学者、证券经营机构都成为中国证券市场制度演化的早期主体。虽然这期间的证券市场还没有形成正规的市场制度,也没有全国统一的证券市场,但分散的地方性证券市场已经存在,经常性的交易品种(国库券)已经出现,交易已具有一定规模,尤其是专业的经营机构的迅速建立,都成为促进证券市场建设与发展的重要力量。

3. 国务院证券委员会主管阶段(1992 年 10 月—1997 年年底)

这期间是对证券市场的监管由中央与地方、中央各部门共同参与管理向集中统一管理的过渡阶段。1992 年 5 月,中国人民银行成立证券管理办公室;同年 7 月,国务院建立国务院证券管理办公会议制度,代表国务院行使对证券业的日常管理职能。1992年10月,国务院成立国务院证券委员会及其执行机构——中国证券监督管理委员会(简称证监会)作为专门的国家证券监管机构。这种制度安排,事实上是将国务院证券委代替了国务院证券管理办公会议制度,代表国务院行使对证券业的日常管理职能,将中国证监会替代了中国人民银行证券管理办公室。

同时,国务院赋予中央有关部门部分证券监管的职责,形成各部门共管的局面。国家计委根据证券委的计划建议编制证券发行计划;中国人民银行负责审批和归口管理证券机构,报证券委备案;财政部归口管理注册会计师和会计师事务所,对其从事与证券业有关的会计事务的资格由证监会审定;国家体改委负责拟定股份制试点的法规,组织协调有关试点工作,同时主管部门负责审批中央企业的试点。

另外,地方政府仍在证券管理中发挥重要作用。上海、深圳证券交易所由当地政府管理,由证监会实施监督;地方企业的股份制试点由省级或计划单列市人民政府授权的部门会同企业主管部门审批。同时,中国证监会向隶属于地方政府的地方证券期货监管部门授权,让它们行使部分监管职责。

4. 中国证监会主管阶段(1998年至今)

这个阶段又分为两部分:

(1)1998—2005年,是初步建立全国集中统一的证券监管体系阶段。1998年在中国证券市场发展史上具有里程碑意义,主要体现在:①根据1997年11月中央金融工作决定,国务院对我国证券监管体制进行了重大改革:一是撤销了国务院证券委,其监管职能移交中国证监会;二是中国证监会对全国证券监管机构实行直接领导,即将以前由中国证监会授权、在行政上隶属各省市政府的地方证券监管机构收归中国证监会领导,同时扩大了中国证监会向地方证券监管机构的授权。此外,从1997年8月开始,国务院决定将上海、深圳证券交易所统一划归中国证监会领导,强化了证券市场监管的集中性和国家证券主管机构的监管权力。②《中华人民共和国证券法》正式颁布,这是新中国第一部规范我国证券发行与交易行为的法律。该法规定:国务院证券监督管理机构依法对证券市场实行监督管理,维护市场秩序,保障其合法运行。此后,证监会等部门陆续颁布的《证券交易所管理办法》、《上市公司治理准则》等一系列规章制度出台,为规范上市公司融资行为提供比较全面具体的法律文件。

（2）2006 年至今，是证券监管制度优化与逐步完善阶段。2006 年 1 月修订后的《中华人民共和国证券法》正式施行。该法的全面修订是我国资本市场法制建设的标志性事件，许多重大条款的修订为从根本上解决影响我国资本市场发展的深层次问题和结构性矛盾创造了条件。此后证监会颁布的《上市公司股权激励管理办法（试行）》、《上市公司收购管理办法》、《上市公司信息披露管理办法》、《上市公司重大资产重组管理办法》等规章制度，标志着对我国上市公司证券发行融资监管制度正走向逐步完善阶段。

从我国证券市场建立之日起，伴随监管体制的演变，我国证券发行监管制度也不断演化，例如股票发行监管制度经历了由审批制、核准制到保荐制，并正向注册制演化的过程。

（1）审批制。2000 年前，中国股票发行制度一直实施的是行政审批制度。"审批制"是计划经济下的产物，实行"额度控制"，即发行申请人需要依照隶属关系向当地人民政府或者中央企业主管部门提出公开发行股票的申请，地方政府或者是中央企业主管部门对发行申请进行初审，初审通过后的发行申请送证监会复审。发行公司的申报材料也需要统一由地方政府或者中央企业主管部门审核后才可以报证监会核准。审批制下公司发行股票的竞争焦点主要是争夺股票发行指标和额度。证券监管部门凭借权力行使实质性审批职能，这也为权力寻租和腐败带来了可能。

（2）核准制。又称为"准则制"或"实质审查制"，是指发行人发行证券，不仅要公开全部的、可以供投资人判断的材料，还要符合证券发行的实质性条件，证券主管机关有权依照公司法、证券交易法的规定，对发行人提出的申请以及有关材料，进行实质性审查，发行人得到批准以后，才可以发行证券。随着市场经济越来越多地替代计划经济，核准制在新股发行时替代审批制成为必然。我国是在 1999 年 7 月 1 日正式实施的《中华人民共和国证券法》中首次提出规定股票发行实行核准制。从 2000 年开始，监管层陆续推出一系列有关新股发行的政策法规，极大地推动了中国新股发行的市场化改革进程。2001 年 3 月 17 日颁布了《中国证监会股票发行核准程序》和《股票发行上市辅导工作暂行办法》，规定从 2001 年 3 月起将用核准制代替行政审批，彻底取消股票的发行额度与指标。2001 年 3 月 17 日正式实施核准制，根据核准制要求公司公开发行股票并上市，必须改制辅导满一年，由证券公司推荐，发行审核委员会审核，发行人和主承销商确定发行规模、发行方式和发行价格,由证监会核准后方可上市。

(3)保荐制。保荐制是"证券发行上市保荐制度"的简称。2004 年 2 月 1 日起,中国证监会颁布的《证券发行上市保荐制度暂行办法》正式施行,将股票发行上市主承销商推荐制正式过渡到保荐制度。保荐制是指由保荐人负责发行人的上市推荐和辅导,核实公司发行文件与上市文件中资料是否真实准确完整,协助发行人建立严格的信息披露制度,承担风险防范责任。我国确定的保荐制度,结合市场的实际情况,总结了过去实行核准制以来的经验,对发行上市的责任体系进行了明确界定,建立了责任落实和责任追究机制,为资本市场的持续稳定健康发展提出了一个更加市场化的制度框架。保荐制的实施是证券监管部门从以往的"审批关口控制"和实质性判断的监管模式转向"管道"式监管,期望在持续监管的作用之下,有助于形成良性的竞争机制。各国创业板市场上保荐制的实践表明,这一制度在提高上市公司质量、保护投资者合法权益等方面效果相当显著。

(4)注册制。证券发行注册制又叫"申报制"或"形式审查制",是指政府对发行人发行证券,事先不作实质性审查,仅对申请文件进行形式审查,发行者在申报申请文件以后的一定时期以内,若没有被政府否定,即可以发行证券。注册制主张事后控制。证券发行注册制是证券发行管理制度中的重要形态,也是很多国家普遍采取的证券发行监管方式。澳大利亚、巴西、加拿大、德国、法国、意大利、荷兰、菲律宾、新加坡、英国和美国等国家,在证券发行上均采取注册制。其中,美国证券法是采取发行注册制的典型代表。注册制是在市场化程度较高的成熟股票市场所普遍采用的一种发行制度。2013 年 11 月发布的《中央关于全面深化改革若干重大问题的决定》中提出要推进股票发行注册制改革,这将给我国证券市场带来革命性的变化。我国证券发行引入注册制,有助于证监会由过去的审批者转变为真正的监管者,发挥市场的决定性作用,从而使公司优化融资结构提供更广阔的决策空间,也促使公司更关注自身价值的实现。

我国证券发行监管制度的演化过程体现了从计划体制向市场体制转化的过程。伴随着我国经济的发展以及金融环境、法律环境、监管体系的日趋完善,证券发行监管制度经历了从审批制到核准制再到保荐制的演化过程,并逐渐向注册制过渡。但在目前的保荐制下,我国企业股票发行上市除了要满足基本条件外,还需要主管部门的层层审批,本质上仍未脱离审批制的藩篱,即我国企业股票发行制度还未完全市场化。我国证券发行监管制度的演化是渐进的、以政府为主导的强制性演化过程,也是使证券发行向市场化方向发展的演化过程。在过去二十多年中,我国证券市场经历了从无交易规则到交易规则的逐步完善,不断在发展中发现问题与解决问题,逐步形成了相对完备的监管制度体系。

(四)政府监管的价值属性

政府监管产生的原因与市场失灵(如信息不对称、自然垄断、外部性等)有关。只要存在市场失灵现象,政府监管就有存在的必要性。政府监管是公共权力的运用过程,其作用是要实现有效的市场资源配置。因此,政府监管的目的不是实现某个特定利益集团的利益,而是要实现公共利益最大化。虽然政府监管过程中会受到利益集团的影响而使得政府监管偏离追求公共利益的方向现象(Peltzman,1976),以及因而会产生寻租行为(Krueger,1974)等,但政府监管的最优目标是追求监管行为的收益最大化,这里的监管收益主要体现在以下方面:(1)监管可以实现企业效益与社会效益的一致性。外部性的存在使得企业效益与社会效益并不完全一致,这会导致资源配置不当,对此如果市场难以自我解决,则政府监管就会发挥作用,有助于经济效率的提高。(2)弥补市场的不完全性。市场机制在一定情况下会失灵,比如提供公共产品,而政府监管可以在一定程度上与市场机制相互补充,在提供公共产品、消除负外部性、解决自然垄断、解决信息不对称方面发挥作为。(3)监管的长期收益是促进企业价值的提高。包括企业持续的发展、市场竞争力的提升、各利益相关者的利益协调等。

对上市公司而言,监管者的收益水平取决于监管者所面临的发行上市公司审核制度环境。针对证券发行的监管,监管者可以采取事前(proactive)或事后(reactive)监管,即核准制或者注册制。市场参与主体有证券发行方、投资方和监管者三方,但实际参与博弈的主要是发行者和监管者,投资者只是前面两者博弈后结果的承受者。发行者和监管者之间的决策顺序是:监管者首先公布监管制度,惩罚水平,制定各类监管规则,然后发行者根据监管者的要求选择最优的融资策略。双方在动态博弈中通过互相学习达到最优。

我们认为,政府监管对资本市场的治理效应不可能是一蹴而就的,即便存在政府监管失灵,也主要是因为相关配套制度建立与执行薄弱或者缺失。

但对于我国这样一个转型经济中的国家而言,政府监管对维护资本市场经济秩序是非常必要的。具体到实际操作层面上,包括推动法律环境建设、制定高质量的准则、培育公平竞争的市场及良好的中介机构、加大违规处罚力度、加强投资者教育等。显然,这需要有一个直接体现政府监管推动作用的场景,让契约签订各方都有履行资本市场治理契约的激励。即只有履行契约,各利益方才会带来收益,否则只会带来成本。

二、融资结构、公司价值与政府监管演化的拓展分析

从上述分析可以看出,企业融资结构与政府监管的演化路径具有密切匹配关系,见表 7-1。

表 7-1　融资结构与政府监管演化路径匹配关系

演化阶段		1980 年前	1980—1990 年	1991—1997 年	1998 年至今
政府监管	监管体制	财政部主管	人民银行为主	国务院证券委员会主管	中国证监会主管
	制度特征	审批制			核准制、保荐制
融资结构	特征	财政主导型	银行主导型	市场主导型	
	资金来源	财政资金为主	银行贷款为主	融资逐渐多元化	

政府监管的演化路径一直在沿着由计划经济体制向市场化的方向推进,从而使企业融资方式由间接融资向直接融资、单一融资向多元化融资转变。伴随证券市场的完善,使企业多种融资方式的存在正逐渐成为现实,企业可以对不同融资方式进行权衡,并根据自身条件进行最优选择。

结合 FCG 整合模型和演化过程,我们针对融资结构、公司价值与政府监管在企业发展过程中的协同演化作进一步拓展。如前所述,融资结构的演化过程反映的是企业各利益相关者在相互博弈过程的动态性与复杂性。企业要经过不断地"组织学习"、竞争考验和适应选择才能使自身的融资能力、公司治理和企业价值等各方面得到提升。整合模型重点关注的是企业融资结构价值创造和政府监管间的互动和协同,它从价值创造的角度突出了这些相关价值活动的匹配性和完备性。从总体上看,演化过程和整合模型的融合有助于更好地表达融资结构、公司价值与政府监管的协同演化过程,也

正是这种"协同演化"的驱动才促进企业实现永续经营。我们构建了 FCG 协同演化模型（见图 7-2）。

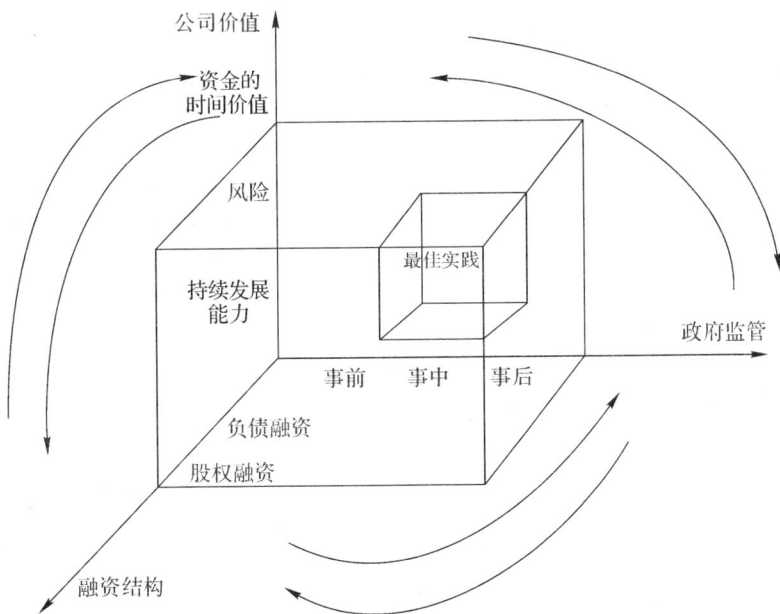

图 7-2　FCG 的协同演化与最佳实践

在图 7-2 中，大立方体表示的是公司实现永续经营的成长空间和过程，三个坐标轴分别是融资结构、公司价值与政府监管，分别代表了企业融资发展的三个维度。这三个维度各自都拥有相对稳定的演进趋势和规律，在各自的演化过程中都存在着"路径依赖"，同时，这三个维度互为路径依赖的根源，即相互联系、相互作用且互为制约条件。合理的融资结构是企业价值创造的基础，如果企业没有形成有效的融资结构价值创造机制，融资结构理论必将失去其实际意义。公司融资结构演化到一定程度时，FCG 应该协同演化实现相互契合，达到一种能够产生良性互动的匹配状态，图中小立方体表示了这种匹配状态，这种匹配状态就是"最佳实践"（best practice），在一个公司中，融资结构与政府监管的边界不宜相差过大，而应有个限度，在此限度内，公司发展与政府的监管效率和社会资源的优化配置实现共同进步和持续良性增长，而在限度之外，就将产生"瓶颈"制约，处理不当将极易造成企业的衰退和社会资源配置的失衡。德鲁克（2003）就曾指出，"健康的企业和病态的社会是不相协调的"。所以，FCG 的整合演化命题既是对企业融资结构价值创造机制演变的明晰，也是对政府监管的要求。

在我国，政府如何进行有效监管？无论在理论上还是在实践中，人们对政府监管如何进行改革均存在不同的意见。我们认为，监管只是手段而不是目的，监管的最终目的是为了实现资源优化配置，而公司融资结构决策也是关于资源配置效率的问题。因此，政府监管改革的重点应以提高资源优化配置效率为中心，追求监管与放松监管的动态平衡，提高政府监管的质量，实现政府的有效监管。

公司融资结构取决于资本需求和资本供给两方面因素（Faulkender & Petersen，2006），政府监管比较直接的影响到资本供给因素，从而影响到公司价值。建立融资结构与政府监管协调发展相匹配的运行机制是实现企业价值最大化的必要条件，否则企业各利益主体难以协调平衡，其融资价值创造机制必将弱化，从而将导致企业的经济作用降低。

如何评价政府监管的效果，关键看其是否有利于实现政府监管的经济性功能和社会性功能，是否有利于经济的发展和社会的进步。政府有效监管首先应是可行的监管，既要求政府必须量力而行，又要使其监管规则必须具有可操作性。在制定政府管制规则之前，必须对当前社会经济的发展状况和政府所具备的能力进行深入细致的研究，要充分认识监管执行者是否具备足以执行管制规则的能力和技术，从而根据客观条件制定出可行的管制规则。其次，政府有效监管需要有效的执行过程，而有效的执行过程来自于有效的监管执行体系，一个能够选择正确战略、有效完成执行任务的监管执行体系是实现政府有效监管的必备条件。

第八章 研究结论与建议

第一节 主要研究结论与创新

本书基于复杂性科学视角,在对传统融资结构理论和政府监管理论分析的基础上,结合现有的关于上市公司融资结构的研究,以及我国上市公司融资结构现状和政府对上市公司融资行为的监管分析,构建了融资结构、公司价值与政府监管(FCG)整合框架体系。

本研究认为,融资结构是个复杂性系统。企业在融资过程中,通过与利益相关者讨价还价的序贯博弈竞争过程,把企业财产权利在不同利益相关者之间重新分配,就会出现融资监管问题,博弈者或融资主体的行为也因此受到影响。一个完善的融资结构系统能否作为一个新的稳态而涌现则取决于处于该系统内各个主体之间以及系统与融资环境之间的行为规则能否产生符合市场经济体制要求的新的稳定的行为战略和新的行为规范。

企业融资结构的演化过程,既取决于企业价值的追求,也受制于政府监管等内外环境的影响。但基于复杂理论角度分析,融资结构的自组织过程将决定融资结构演进的命运。融资决策的复杂性依赖于其微观组织的自发行为,并根据群体学习主动更新并适应外界变化。政府作为系统组织,也对整个自组织过程产生催化或抑制作用,但不能完全决定融资结构的最终结果。通过正负反馈机制传递的各组织共同演进程度将成为决定因素。

在转型经济国家,政府监管对公司融资结构价值创造机制的形成具有正面的推动作用①。同时,在推动我国资本市场的健康发展进程中,政府必须发挥好监管的正面作用,帮助公司价值的提升。

本研究深入公司这一微观层面,考察复杂环境下政府监管对融资结构作用的发挥进而对公司价值的影响,首次在复杂性科学视角下将融资结构、公司价值和政府监管有机地联系到一起,为我们理解经济管理环境的完善与发展对促进企业价值增长的微观作用机制提供了一个有益的视角。本研究侧重于我国上市公司来检验内外部复杂环境的发展变化对公司融资结构的影响及对公司价值的传导作用。研究认为,融资结构与政府监管在围绕公司价值创造方面通过协同演化能够趋于理想的契合点——最佳实践点,即公司最优融资结构。而这最佳实践点的探求必须基于对复杂环境的深刻认识。由于融资结构作用的发挥依赖于公司内外环境因素的协调,这意味着进一步完善公司治理结构、协调好融资结构与政府监管的关系,对于促进融资结构价值创造机制的形成、提高公司价值进而推动经济增长将具有重要意义。

本研究具有三方面意义:(1)将复杂性科学引入到融资结构问题研究中,丰富了融资结构研究的理论基础,拓宽了融资结构问题研究的视野;(2)融合目前主流的融资结构理论,综合考虑了影响融资结构演化的各项因素,结合实证分析,以更全面的视角剖析了公司融资行为和融资结构决策的价值创造机制形成过程;(3)重点分析了融资结构与政府监管的协同演化关系,构建了融资结构、公司价值与政府监管(FCG)整合框架体系,提出 FCG 三者根据复杂性环境进行适应性调整和整合,有助于最优融资结构的形成。

第二节　启示与建议

虽然人们对公司融资结构的研究已经取得丰富成果,但是运用复杂性科学的理论和方法对公司成长过程进行多角度、多层面的系统研究成果还不是很多,尤其是基于复杂性科学视角下对融资结构价值创造机制与政府监管协同关系还没有相应的研究。因此,将复杂性科学理论与方法应用于

---

① 由于很难找到一个理想的场景及完善的数据进行实证检验,所以本结论还缺少实证支持。

揭示融资结构价值创造机制与政府监管机制,不仅可以给我们提供一种新的视角,从而把融资结构价值创造机制与政府监管的理论研究引向深入,同时在探求促进完善融资结构价值创造机制与政府监管的有效途径方面也将给予更多启示。

一、基于复杂性科学视角分析的启示

复杂性科学对现代融资结构的演化与监管的启示主要体现在:(1)从孤立地研究对象或问题转向在相互联系中研究对象或问题。(2)从用静止的观点观察事物(存在的科学)转向以动态的观点观察事物(演化的科学)。(3)从强调用还原论的方法分析融资结构问题转向用系统论的方法分析融资结构问题。(4)从研究融资结构在外力影响下的运动转向研究融资决策系统在外部环境约束条件下由于内在非线性作用导致的自组织运动。(5)从单纯融资结构系统实体中心论转向融资结构影响因素关系中心论。把复杂性科学引入融资结构管理,可以称之为"复杂性融资结构管理",主要包括两层含义:一是把融资结构看作是复杂适应系统;二是把复杂性科学和方法应用于融资结构管理理论与实践。融资结构系统的复杂性与政府监管的复杂性相互作用与影响,使得复杂性科学包含的一些思想和概念,如自适应、自组织、涌现、混沌等为认识融资结构管理与政府监管关系提供了有价值的理论基础与分析视角,将其应用于融资结构价值创造机制与监管的关系研究有助于对融资结构的演化进行更科学的认识。

二、基于公司视角对融资结构与监管的建议

(1)由于公司融资结构与政府监管都是价值创造活动,所以公司应将FCG整合演化作为公司的一种经营理念,渗透到企业持续发展全过程之中。而且在制定公司管理目标时,应将涉及 FCG 的各种潜在目标不断转化为实质性目标,通过对复杂环境下各种影响因素的研判与分析,整合成适合公司融资结构价值创造机制形成与发展的目标融资结构体系。

(2)公司融资决策机构要重点考察融资结构、公司价值与政府监管的平衡发展问题。FCG 的整合演化是个动态平衡过程,这种演化平衡的"最佳实践"是一种理想状态,实践中经常会出现失衡状况。所以,必须及时考察与评估 FCG 各自的内容与要求是否发生了变化,现有的运行机制是否相互匹

配,失衡状况能否予以调整等。否则,一旦这种失衡扩大,就有可能演变为危机,如果缺乏相应监控预警机制,失衡危机就会导致公司产生损失甚至失败。

(3)公司在 FCG 技术操作及分析评价方面,可设计构建出动态的 FCG 评价指标体系,将反映公司管理和组织能力的财务体系、反映治理水平的治理报告以及政府管制约束下的资金利用效果分析结合在一起,进行更具整体性的综合评价,并不断建立与完善能够全面反映公司融资结构演化潜力的综合评价指标体系,促进公司从 FCG 理论向 FCG 实践的应用转化。

(4)公司融资结构的价值追求与政府对市场经济秩序公平有序的保证要求形成相互博弈的两种力量,对公司融资结构的演化具有重要影响。公司融资结构决策应在满足政府监管刚性要求的前提下探求公司最佳融资结构,并最终达到动态均衡。

三、基于政府监管视角对融资结构与监管的建议

1. 政府监管应有助于 FCG 的优化

FCG 的整合演化命题既是对公司永续发展的挑战,也是对整个社会环境的要求。理论研究和实践均证明,政府监管是一种有效的政府治理工具,但必须正确使用才能够有效地弥补市场不足,促进公司健康发展,维护市场经济的健康发展;才能够保障公民和消费者的合法权益,维护社会公平,为社会提供所需的公共服务。由于我国正处于经济转型期,政府制定监管政策时,必须根据我国经济发展现状和现实社会的需求,树立引导公司融资结构科学而合理演化的观念。

2. 完善政府监管理论

理论来源于实践,反过来又为实践服务。政府监管理论是在政府监管实践的需要和推动下产生、发展起来的。政府监管实践中出现的问题促使理论研究者去思考、认识和总结,并上升到理论的高度。反过来,政府监管理论在政府监管实践中又发挥了解释和引导的作用。有关政府监管的各种理论的碰撞或融合,都会深化人们对政府监管制度的认识,使政府监管的决策和运行趋于理性、科学。

3. 要协调好政府监管与市场的关系

现代市场经济体制的一个共同特点是它们都是政府干预之下的市场经

济。竞争性市场和政府监管都必不可少。越来越多的学者认识到监管权力与自由市场并不是非此即彼的关系,政府和市场都有自身无法克服的缺陷,这就决定了两者相互结合的必然性,"当人们只考虑需要政府对经济进行特别干预而忽视市场机制时,应该提请政府注意竞争性市场机制的功能;当人们虔诚地笃信自由放任可以解决一切问题时,又必须强调社会控制在什么情况下仍是必要的"(詹姆斯·爱德华·米德,1989)。无论是市场机制还是政府监管,其最终目的都是要努力创造和维护一种生产效率最高、资源配置最优、经济主体行为约束最好的市场经济秩序,只是这种最优的市场经济秩序不是市场或政府单一模式能够实现的;因此,这种政府与市场的关系必然被界定为:主导地位的市场和有限监管的政府(宋慧宇,2012)。

虽然政府是维护现代市场经济秩序的一个极为重要的角色,但政府监管必须尊重市场规律、保障市场主体权利。在我国经济转型时期,虽然政府职能范围在宏观层面上已明确确定在对宏观调控、市场监管、社会管理和公共服务等四大职能上,但在实践中,政府对经济社会的管理往往因为宏观职能和微观监管之间缺乏有效的沟通而造成不同领域政府监管行为的缺位、越位甚至不作为。但是,不管政府监管如何改革,都必须明确现实中的市场经济必然是自由竞争和政府监管的适度结合。

4.政府监管的价值取向

政府监管历来是一种基本的政府职能,也是一种主要的公共政策工具,更是一种重要的制度规范。政府监管与放松监管并不存在非此即彼的零和博弈关系,存在的是"钟摆"式的价值倾斜及其合理性;不论是政府监管还是放松监管,它们都不是自然选择的产物,而是人类为了实现规范的社会秩序体系而运用的一种手段。

政府对公司融资行为进行科学合理监管可以减少公司利益相关者间的矛盾损失,提高资源配置效率,降低社会成本。然而现实中融资结构复杂性的存在,各影响因素的交织重叠,给政府监管带来极大的挑战。在现阶段,政府监管的价值取向要体现以下几方面特征:

(1)要适应国际化竞争。经济全球化的趋势大大增强了国家之间以及公司之间的竞争,这就迫使中国政府既要积极参与制定国际规则,又要遵从国际规则,最大限度地利用现有规则保护国内市场,为中国企业参与国际竞争创造更为有利的条件。

（2）要有助于推进经济体制改革。我国经济体制改革的重点在于以创新为基调的产权革命、经济结构调整、生产方式及交易方式变革，以及公共行政体制改革。在深化改革过程中的关键在于实现动态的政策平衡。即在改革旧的规制体系与建立新的规制体系的动态的过程中不断实现监管与放松监管的平衡。问题是平衡度的掌握，这取决于政府与公司等利益相关者交互作用的性质、内容和方式。

（3）要适应现代经济发展形势。监管制度是构建市场经济制度不可或缺的支持性制度，而如何在动态的过程中实现制度供给，构建适应市场经济要求的一整套有效的管制制度是当务之急。新经济发展时期大大增加了中国政府实施新管制的复杂性，政府监管体系的建立反映政府在市场化进程中或市场经济体制下的政府管制能力及其有效性。

政府融资监管是为了纠正公司融资行为无序而导致市场失灵带来的低效率和社会成本。融资监管的目标是通过提高资源分配效率，增进社会公共福利，实现各个群体利益的均衡，从公平和效率两个方面同时入手进行监管。目前就各国政府监管的实际情况来看，需要改进的是政府监管的手段，控制政府监管的成本，要有助于促进公司的发展。在不同的经济发展阶段，不同的经济、市场、技术、制度环境下，实现增进社会福利目标的政府监管模式应有所区别。长期以来，我国融资监管重市场准入管理，轻持续性监管；重合规性监管，轻风险性监管；监管过度与监管不足同时并存。因此，今后的融资监管改革应在监管重点、监管方式、监管的落实等方面加大改革力度。尤其要注意的是避免监管被滥用，以及由于监管者的偏好而导致的监管失灵问题，这也应是监管改革的一个重点所在。

在公司融资结构演化过程中，博弈各方的行为取决于博弈主体自身的收益，同时监管政策对博弈各方行为均有重要影响。在不同的监管程度下，博弈各方会采用不同的对策，这会影响公司融资取向和融资结构演化速度，进而增加融资结构演化的动态性与复杂性。在政府监管政策中，政府可以综合运用各种手段来直接或间接影响公司融资规模、融资方式即融资结构，使公司融资结构价值创造机制向政府和社会预期的价值目标演化。在考虑到复杂环境因素影响的情况下，如何提高政府的监管水平，促进公司融资结构价值创造机制的提升是政府监管政策的重要研究方向。

5.构建符合我国国情的资本市场执法监管机制

资本市场的健康发展需要探索加强执法监管的新途径,要从根本上转变行政性的管理方式,不断提高运用法治思维深化改革、推动发展、化解矛盾、维护稳定的能力。主要包括:(1)建立健全立法保障机制,加大制度供给。资本市场的立法修法要适应资本市场的特有规律,增强主动性、灵活性。要进一步细化违法行为认定标准,提高处罚标准,丰富执法措施和手段,增强操作性和匹配性,建立行政执法和解制度,研究投资者补偿制度。应更多地引入刑事司法力量参与监管执法。(2)要建立健全高效的行政执法机制,努力提高监管效率和能力。应摈弃现行的公务员管理模式,完善金融监管机构的职能作用,优化监管流程,提高监管效率。(3)建立健全制约型监管机制。要最大限度地提高执法监管的科学性和公允性,同时形成有效的内部制约制衡机制。(4)建立健全各政府监管部门的协同机制,提高风险防范和处置能力。要加强政府部门间的信息共享,促进部门协作,加强金融监管协调机制,避免监管重叠和监管盲区。应鼓励自律组织等社会力量运用各种方式积极参与,共同维护市场秩序,既有助于提高监管效果,又有助于降低政府监管成本。

参考文献

[1]Almazan, A. & Molina, C. A. *Intra-industry Capital Structure Dispersion: How Do Capital Structures Differ Among Competitors* [M]. Austin: University of Texas, 2002.

[2]Alston, L., Eggertsson, T. & North, D. *Empirical Studies in Institutional Change* [M]. Cambridge: Cambridge University Press, 1996.

[3]Anderson, P., Tushman, M. L. Organizational Environments and Industry Exit: The Effects of Uncertainty, Munificence and Complexity [J]. *Industrial & Corporate Change*, 2001(3).

[4]Andrews, K. *The Concepts of Corporate Strategy* [M]. Homewood: Dow Jones-Irwin, 1980.

[5]Ashbaugh, H., Collins, D. W. & LaFond, R. Corporate Governance and the Cost of Equity Capital [R]. Working Paper, 2004, http://www.biz.uiowa.edu.

[6]Asquith, P., David, W. & Mullins, J. Equity Issues and Offering Dilution[J]. *Journal of Financial Economics*, 1986 (2).

[7]Baker, M. & Wurgler, J. Maket Timing and Capital Structure[J]. *The Journal of Finance*, 2002(1).

[8]Baker, M. & Wurgler, J. The Equity Share in New Issues and Aggregate Stock Returns[J]. *Journal of Finance*, 2000(5).

[9]Barclay, M. J. & Smith, Jr., C. W. The Maturity Structure of Corporate Debt[J]. *Journal of Finance*, 1995(2).

[10]Barton, S. L. & Gordon, P. J. Corporate Strategy and Capital Structure[J]. *Strategic Management Journal*, 1988(6).

[11]Barton, S. L. & Gordon, P. J. Corporate Strategy: Useful Perspective for the Study of Capital Structure? [J]. *The Academy of Management Review*,1987(1).

[12]Bhamra, H. S. , Kuehn, L. A & Strebulaev, I. A. The Aggregate Dynamics of Capital Structure and Macroeconomic Risk [R]. *University of British Columbia, Carnegie Mellon University and Stanford University, Working Paper*, 2008.

[13]Bhattacharya, S. Corporate Finance and the Legacy of Miller and Modigliani[J]. *Journal of Economic Perspectives*,1988(4).

[14]Bolton, P. & Scharfstein, D. A Theory of Predation Based on Agency Problems in Financial Contracting[J]. *American Economic Review*, 1990(1).

[15]Bradley, M. , Jarell G. , Kim, E. H. On the Existence of an Optimal Capital Structure: Theory and Evidence[J]. *Journal of Finance*,1984 (3).

[16]Brander, J. A. & Lewis, T. R. Bankruptcy Costs and the Theory of Oligopoly[J]. *Canadian Journal of Economics*, 1988(2).

[17]Brander, J. A. & Lewis, T. R. Oligopoly and Financial Structure: The Limited Liability Effect[J]. *American Economic Review*,1986(5).

[18]Campello, M. Capital Structure and Product Markets Interactions: Evidence From Business Cycles[J]. *Journal of Financial Economics*, 2003(3).

[19]Chandler, A D. *Strategy and Structure* [M]. Cambridge: MIT Press, 1962.

[20]Charumilind, C. Kalir R. & Wiwat Tanakantang Y. Connected Lending: Thailand before the Financial Crisis [J]. *Journal of Business*,2006(1).

[21]Chatterjee, S. & Wernerfelt B. The Link Between Resource and Type of Diversification: Theory and Evidence[J]. *Strategic Management*

Journal, 1991(1).

[22]Chen, K. C. W. & Yuan, H. Earnings Management and Capital Resource Allocation: Evidence From China's Accounting-based Regulation of Rights Issues[J]. *The Accounting Review*, 2004(3).

[23]Chen L. & Xinlei Z. Firm Financing Decision[R]. *Michigan State University, Working Paper*, 2005.

[24]Chen, L. & Xinlei Z. *Profitability, Mean Reversion of Leverage Ratios and Capital Structure Choice*[R]. Michigan State University, Working Paper, 2005.

[25]Cheung, S. N. S. *The Theory of Share Tenancy*[M]. Chicago: The University of Chicago Press,1969.

[26]Chevalier, J. & Scharfstein, D. Capital Market Imperfections and Countercyclical Markups: Theory and Evidence [J]. *American Economic Review*, 1996(9).

[27]Chevalier, J. & Scharfstein, D. Capital Market Imperfections and Countercyclical Markups: Theory and Evidence [J]. *American Economic Review*,1996(4).

[28]Chris, H. & Toni, M. Whited. Debt Dynamics[J]. *Journal of Finance*, 2005(3).

[29]Coase, R. H. The Firm, the Market, and the Law[M]. *Chicago: University of Chicago Press*, 1988.

[30]Coase, R. H. The Nature of the Firm[J]. *Economica*, 1937(4).

[31]Cook, D. O. & Tang, T. *Macroeconomic Conditions and Capital Structure Adjustment Speed* [R]. SSRN, Working Paper, 2008.

[32]Crozier, M. *The Stalled Society*[M]. New York: Viking Press,1973.

[33]Cynthia Taylor Small. An Enterprise Knowledge-Sharing Model: A Complex Adaptive Systems Perspective on Improvement in Knowledge Sharing[D]. George Mason University,2005.

[34]Dammon, R. M. & Senbet, L. W. The Effect of Taxes and Depreciation on Corporate Investment and Financial Leverage [J]. *Journal of Finance*,1988(4).

[35]Dasgupta, S. & Titman, S. Pricing Strategy and Financial Policy[J]. *Review of Financial Studies*, 1998(4).

[36]DeAngelo, H. R. M. Optimal Capital Structure Under Corporate and Personal Taxation[J]. *Journal of Financial Economics*, 1980(8).

[37] Demirguc-Kunt, A. & Maksimovic, V. Institutions, Financial Markets and Firm Debt Maturity[J]. *Journal of Financial Economics*, 1999(12).

[38]Demsetz, H. The Exchange and Enforcement of Property Rights[J]. *Journal of Law and Economics*, 1964(3).

[39]Diamond, D. Reputation Acquisition in Debt Markets[J]. *Journal of Political Economy*, 1989(8).

[40]Dittmar, A. & Thakor, A. *Why do Firms Issue Equity?* [R]. St. Louis: University of Michigan and Washington University, Working Paper, 2005.

[41]Donaldson G. *Corporate Debt Capacity: A Study of Corporate Debt Policy and the Determination of Corporate Debt Capacity* [R]. Boston: Division of Research, Harvard School of Business Administration, 1961.

[42] Douglas O. Cook and Tian Tang. Macroeconomic Conditions and Capital Structure Adjustment Speed [J]. *Journal of Corporate Finance*, 2008(4).

[43]Easley D. & O'Hara, M. Information and the cost of capital[J]. *Journal of Finance*, 2004(4).

[44]Edgar, M. & Le Moigne, J. L. *Intelligence of Complexity* [M]. Paris: Harmattan, 1999.

[45]Espen, B. E., Ronald, W. M. & Norli, O. Seasoned Public Offerings: Resolution of the "New Issues Puzzle" [J]. *Journal of Financial Economics*, 2000(2).

[46]Eugene, F. F. Sr. & Kenneth, R. F. Financing Decisions: Who Issues Stock? [J]. *Journal of Financial Economics*, 2005(3).

[47]Faccio, Mara, Larry H. P. Lang & Leslie Young. Dividends and

Expropriation[J]. *The American Economic Review*, 2001(1).

[48] Fan, Joseph P. H., Titman S. & Garry T. An International Comparison of Capital Structure and Debt Maturity Choices [R]. Working Paper, www. ssrn. com, 2003.

[49] Faulkender, M., M. Flannery, K. Hankins & J. Smith. Transaction Costs and Capital Structure Adjustments[R]. Working Paper, 2010.

[50] Faulkender, M. & Petersen, M. A. Does the Source of Capital Affect Capital Structure[J]. *Review of Financial Studies*, 2006(1).

[51] Fischer, E. O., Heinkel, R. & Zechner, J. Dynamic Capital Structure Choice: Theory and Tests[J]. *Journal of Finance*, 1989 (1).

[52] Garvin, D. A. Building a Learning Organization[J]. *Harvard Business Review*, 1993(4).

[53] Giannetti, M. Do Better Institutions Mitigate Agency Problems? Evidence from Corporate Finance Choices[J]. *Journal of Financial and Quantitative Analysis*, 2003(1).

[54] Glazer, J. The Strategic Effect of Long-term Debt in Imperfect Competition[J]. *Journal of Economic Theory*, 1994(2).

[55] Goldstein, R., Nengjiu Ju & Leland, H. An EBIT-Based Model of Dynamic Capital Structure[J]. *Journal of Business*, 2001(4).

[56] Graham, J. & Harvey, C. The Theory and Practice of Corporate Finance: Evidence from the Field [J]. *Journal of Financial Economics*, 2001(61).

[57] Graham, J. R. How Big are the Tax Benefits of Debt? [J]. *Journal of Finance*, 2000(5).

[58] Hackbarth, D., Miao, J. & Morellec, E. Capital Structure, Credit Risk, and Macroeconomic Conditions [J]. *Journal of Financial Economics*, 2006(82).

[59] Hambrick, D. C. Some Tests of the Effectiveness of Functional Attributes of Miles and Snow's Strategic Types [J]. *Aeademy of Management Journal*, 1983(1).

[60]Harris, M. & Raviv, A. Capital Structure and the Informational Role of Debt[J]. *Journal of Finance*, 1990(2).

[61]Harris, M. & Raviv, A. Theory of Capital Structure[J]. *Journal of Finance*, 1991(1).

[62]Hayne, E. L. & Toft, L. B. Optimal Capital Structure, Endogenous Bankruptcy, and the Term Structure of Credit Spreads[J]. *Journal of Finance*, 1996(3).

[63]Hertzel, M. G. & Smith, R. L. Market Discounts and Shareholder Gains for Placing Equity Privately[J]. *The Journal of Finance*, 1993 (2).

[64]Huang, R. & Ritter, J. *Testing the Market Timing Theory of Capital Structure* [R]. Working Paper, University of Florida, 2005.

[65]Huang, S. & Frank, M. S. *The Determinants of Capital Structure: Evidence from China* [R]. Working Paper, The University of Hong Kong, 2003.

[66]James, H. & Scott, H. A Theory of Optimal Capital Structure[J]. *The Bell Journal of Economics*, 1976(1).

[67]Jensen M. C. Agency Costs of Free Cash Flow, Corporate Capital Finance and Takeovers[J]. *American Economic Review*, 1986(2).

[68]Jianjun Miao. Optimal Capital Structure and Industry Dynamics[J]. *Journal of Finance*, 2005(6).

[69]Jonathan P. O Brien. The capital structure implications of pursuing a strategy of innovation[J]. *Strategic Management Journal*, 2003(5).

[70]Jordan, J., Lowe, J. & Taylor, P. Strategy and financial policy in UK Small Firms[J]. *Journal of Business Finance and Accounting*, 1998(1).

[71]K. Alan & R. Litzenberger. A state-preference model of optimal financial leverage[J]. *Journal of Finance*, 1973(4).

[72]Kochhar, R. & Hitt, M. A. Linking Corporate Strategy to Capital Structure: Diversification Strategy, Type and Source of Financing[J]. *Strategic Management Journal*, 1998(6).

[73]Korajczyk R. & Levy A. Capital Structure Choice: Macroeconomic Conditions and Financial Constraints [J]. *Journal of Financial Economics*, 2003(1).

[74]Kovenock, D. & Phillips, G. M. Capital Structure and Product Market Rivalry: How do We Reconcile Theory and Evidence? [J]. *American Economic Review*, 1995(2).

[75]Krueger, A. O. The Political Economy of a Rent-Seeking Society[J]. *American Economic Review*, 1974(3)

[76]La Porta, R. & Lopez-de-Silanes, F. , Shleifer, A. & Vishny, R. Investor. Protection and Corporate Governance [J]. *Journal of Financial Economics*, 2000(3).

[77]Leafy, M. T. & Roberts, M. T. Do Firms Rebalance Their Capital Structures? [J]. *Journal of Finance*, 2005(6).

[78]Leibenstein, H. Allocative Efficiency Vs X-Efficiency[J]. *American Economic Review*, 1966,56(3).

[79]Leland H Pyle D. Informational Asymmetries, Financial Structure, and Financial Intermediation[J]. *Journal Finance*, 1977(2).

[80]Levy, A. & Hennessy, C. Why Does Capital Structure Choice Vary With Macroeconomic Conditions[J]. *Journal of Monetary Economics*, 2007(6).

[81] Levy D. L. Chaos theory and strategy: theory application and managerial implication[J]. *Strategic Management Journal*, 1994(15).

[82]Lööf, H. Dynamic Optimal Capital Structure and Technical Change [J]. *Structural Change and Economic Dynamics*, 2004(5).

[83]Loasby BJ. Time, Knowledge and Evolutionary Dynamics: Why Connections Matter[J]. *Journal of Evolutionary Economics*, 2001 (11).

[84]Maksimovic, V. Capital Structure in Repeated Oligopolies[J]. *Rand Journal of Economics*, 1988(3)

[85]Maksimovic,V. Product Market Imperfections and Loan Commitments[J]. *Journal of Finance*, 1990(45).

[86]Manu, F. A. & Sriram, V. Innovation, Marketing Strategy, Environment and performance[J]. *Journal of Business Research*, 1996 (35).

[87]McConnell, J. & Servaes, H. Additional Evidence on Equity Ownership and Corporate Value[J]. *Journal of Financial Economics*, 1990(2).

[88]Michael, C. J. & William, H. M. Theory of the Firm: Managerial Behavior, Agency Costs and Ownership Structure[J]. *Journal of Financial Economic*, 1976(3).

[89]Modigliani, F. & Miller, M. H. The Cost of Capital, Corporate Finance and the Theory of Investment [J]. *American Economic Review*, 1958(3).

[90]Monks, R. A. G. *The Emperor's Nightingale*: *Restoring the Integrity of the Corporation*[M]. Tulsa: Capstone Publishing, 1997.

[91]Morellec, E. Can Managerial Discretion Explain Observed Leverage Ratios? [J]. *Review of Financial Studies*, 2004(1).

[92]Morin E. & Le Moigne J L. Intelligence of Complexity[M]. Paris: Harmattan, 1999.

[93]Myers, S. C. & Majluf, N. S. Corporate Financing and Investment Decisions When Firms Have Information That Investors Do Not Have [J]. *Journal of Financial Economics*, 1984 (2).

[94]Myers, S. C. The Capital Structure Puzzle [J]. *The Journal of Finance*, 1984(3).

[95]Myron, S. S., Mark, A. W., Merle, M. E., Edward L. M. & Terrence, J. S. (3th ed). *Taxes and Business Strategy*: *A Planning Approach* [M]. Pearson Prentice Hall, Upper Saddle River, N. J., 2005.

[96]O'Brien, J. P. The Capital Structure Implication of Pursuing a Strategy of Innovation[J]. *Strategic Management Journal*, 2003(5).

[97]Opler, T. & S. Titmam. Financial Distress and Corporate Performance[J]. *Journal of Finance*, 1994(3).

[98]Pagano, M. & Volpin, P. The Political Economy of Corporate Governance[J]. *American Economic Review*, 2005(4).

[99]Pathak, S. D. , Vanderbilt, U. N. , Dilts,D. M. & Biswas,G. On the Evolutionary Dynamics of Supply Network Topologies [J]. *Engineering Management*, 2007(4).

[100]Patrick Bolton & David Scharfstein. A Theory of Predation Based on Agency Problems in Financial Contracting[J]. *American Economic Review*,1990 (1).

[101]Peltzman, S. Toward a More General Theory of Regulation[J]. *Journal of Law and Economcs*,1976(2).

[102]Phillips, G. M. Increased Debt and Industry Product Markets: An Empirical Analysis[J]. *Journal of Financial Economics*, 1995(2).

[103]Pistor, K. & Chenggang, X. Governing Stock Markets in Transition Economies: Lessons from China[J]. *American Law and Economics Review*, 2005(1).

[104]Poitevin, M. Financial Signalling and the Deep-pocket Argument[J]. *Rand Journal of Economics*, 1989(1)

[105] Ross, S. A. The Determination of Financial Structure: The Incentive-signalling Approach[J]. *Bell Journal of Economics*, 1977 (1).

[106]Schultz, P. Pseudo Market Timing and the Long-run Underperformance of IPO[J]. *Journal of Finance*, 2003(2).

[107]Sergey Tsyplakov & Sheridan Titman. A Dynamic Model of Optimal Capital Structure[J]. *Review of Finance*, 2007(3).

[108]Shleifer, A. & Vishny R. *The Grabbing Hand: Government Pathologies and Their Cures* [M]. Cambridge: Harvard University Press, 1998.

[109]Showalter, D. M. Strategic Debt: Evidence in Manufacturing[J]. *International Journal of Industry Organization*, 1999(3).

[110]Stein, J. C. Rational Capital Budgeting in an Irrational World[J]. *Journal of Business*, 1996(4).

[111] Stewart, C. M. The Determinants of Corporate Borrowing [J]. *Journal of Financial Economics*, 1977(5).

[112] Stigler, G. The Theory of Economic Regulation [J]. *The Bell Journal of Economics*, 1971(1).

[113] Stulz R. Managerial Discretion and Optimal Financing Policies [J]. *Journal of Financial Economics*, 1990(26).

[114] Sun, Qian, Tong & Wilson H. S. China Share Issue Privatization: The Extent of Its Success [J]. *Journal of Financial Economics*, 2003 (2).

[115] Suresh M. Sundaresan. Continuous-time Methods in Finance: A Review and an Assessment [J]. *Journal of Finance*, 2000(4).

[116] Tay, N. S. P. & Robert, F. L. Agent-Based Modeling of Ambidextrous Organizations: Virtualizing Competitive Strategy [J]. *Intelligent Systems*, 2007(5).

[117] Telser, L. G. Cutthroat Competition and the Long Purse [J]. *Journal of Law and Economics*, 1966(9).

[118] Titman, S. & S. Tsyplakov. A Dynamic Model of Optimal Capital Structure [J]. *Review of Finance*, 2007(3).

[119] Titman, S. & Wessels, R. The Determinants of Capital Structure Choice [J]. *Journal of Finance*, 1988(1).

[120] Warfield, J. N. Twenty Laws of Complexity: Science Applicable in Organization [J]. *Systems Research and Behavioral Science*, 1998(6).

[121] Williams, J. T. Perquisites, Risk, and Capital Structure [J]. *Journal of Finance*, 1987(1).

[122] Williamson O. Corporate Finance and Corporate Governance [J]. *Journal of Finance*, 1988(3).

[123] W. Kip Viscusi, John, M. V. & Joseph, E. H. Jr. *Economics of Regulation and Antitrust* [M]. The MIT Press, 2005.

[124] Xu, Xiaonian & Wang, Yan. Ownership Structure and Corporate Governance in Chinese Stock Companies [J]. *China Economic Review*, 1999(1).

[125]Yaneer Bar-Yam. *Complexity Rising*；*From Human Beings to Human Civilization*，*a Complexity Profile*，*in Encyclopedia of Life Support Systems*（EOLSS）[C]. EOLSS Publishers，Oxford ，UK ，2002.

[126]Zeckhouser，R. J. & Pound，J. *Are Large Shareholders Effective Monitors an Investigation of Share Ownership and Corporate Performance*，*in Asymmetric Information*，*Corporate Finance and Investment*[M]. Chicago：University of Chicago Press，1990.

[127]Zingales，Luigi. In Search of New Foundations [J]. *Journal of Finance*，2000（4）.

[128]Zwiebel，Jeffrey. Dynamic Capital Structure Under Managerial Entrenchment[J]. *The American Economic Review*，1996(5).

[129]安福仁.规制理论与中国政府管制[J].东北财经大学学报,1999(1).

[130]白重恩,刘俏,陆洲,宋敏,张俊喜.中国上市公司治理结构的实证研究[J].经济研究,2005(2).

[131]陈德萍,陈永圣.股权集中度、股权制衡度与公司绩效关系研究[J].会计研究,2011(1).

[132]陈冬华,章铁生,李翔.法律环境、政府管制与隐性契约[J].经济研究,2008(3).

[133]陈蔚珠,陈禹.以复杂适应系统理论探析企业信息系统项目风险[J].复杂系统与复杂性科学,2004(2).

[134]陈晓红,万光羽,曹裕.基于行业竞争视角的资本结构与产品市场竞争力研究[A].第四届中国管理学年会——组织与战略分会场论文集,2009.

[135]陈信元,鹏飞,陈冬华.机会主义资产重组与刚性管制[J].经济研究,2003(5).

[136]陈禹.复杂适应系统理论(CAS)及其应用——由来、内容与启示[J].系统辨证学学报,2001(4).

[137]戴汝为.关于"复杂性"的研究——一门21世纪的科学[A].载于李焱主编:科学前沿与未来(第三集)[C].北京:科学出版社,1998.

[138]杜雷,朱玉知.论政府管制改革的价值取向:有效管制[J].云南行政学

院学报,2004(6).

[139]杜莹,刘立国.股权结构与公司治理效率:中国上市公司的实证分析[J].管理世界,2002(11).

[140]樊纲,王小鲁.中国市场化指数——各地区市场化相对进程报告(2001)[M].北京:经济科学出版社,2003.

[141]樊纲,王小鲁,朱恒鹏.中国市场化指数——各省区市场化相对进程2006年度报告[M].北京:经济科学出版社,2006.

[142]冯根福,等.中国上市公司股权集中度变动的实证分析[J].经济研究,2002(8).

[143]郭杰,张英博.企业择时还是政府择时?——中国特定制度背景下IPO市场时机选择对资本结构的影响[J].金融研究,2012(7).

[144]郭鹏飞,孙培源.资本结构的行业特征:基于中国上市公司的实证研究[J].经济研究,2003(5).

[145]韩传模,孙青霞.中国资本结构实证研究方法的思考[J].会计研究,2006(9).

[146]何浚.上市公司治理结构的实证分析[J].经济研究,1998(5).

[147]何平.我国上市公司资本结构对公司业绩影响的实证检验[J].财政研究,2009(4).

[148]何源,白莹,文翘翘.负债融资、大股东控制与企业过度投资行为[J].系统工程,2007(3).

[149][荷]亨克·傅博达.创建柔性企业——如何保持竞争优势[M].项国鹏译.北京:人民邮电出版社,2005.

[150]洪锡熙,沈艺峰.我国上市公司资本结构影响因素的实证分析[J].厦门大学学报(哲学社会科学版),2000(3).

[151]胡继之.中国股市的演进与制度变迁[M].北京:经济科学出版社,1998.

[152]胡元木.信息不对称与上市公司债务期限结构[J].管理世界,2011(2).

[153]胡援成.中国企业资本结构与企业价值研究[J].金融研究,2002(3).

[154]胡志强,卓琳玲.IPO市场时机选择与资本结构关系研究——基于中国上市公司面板数据的实证研究[J].金融研究,2008(10).

[155]黄郡.股权制衡与公司业绩:理论与事实[J].广东金融学院学报,2007(5).

[154]黄少安,张岗.中国上市公司股权融资偏好分析[J].经济研究,2001 (11).

[155]黄欣荣.复杂性范式的兴起与科学世界观的变革[J].河北师范大学学 报(哲学社会科学版),2009(3).

[156]江伟.负债的两面性与公司价值[J].中国经济问题,2004(6).

[157]江伟,李斌.制度环境、国有产权与银行差别贷款[J].金融研究,2006 (11).

[158]姜付秀,黄继承.市场化进程与资本结构动态调整[J].管理世界,2011 (3).

[159]姜付秀,刘志彪,李焰.不同行业内公司之间资本结构差异研究——以 中国上市公司为例[J].金融研究,2008(5).

[160]姜付秀,刘志彪.行业特征、资本结构与产品市场竞争[J].管理世界, 2005(10).

[161]姜付秀,屈耀辉,陆正飞,李焰.产品市场竞争与资本结构动态调整[J]. 经济研究,2008(4).

[162]姜涛,汤颖梅,王怀明.农业上市公司债务结构与企业价值关系的实证 研究[J].生产力研究,2009(23).

[163]姜涛,王凯.民营上市公司负债与企业价值关系的实证研究[J].南京农 业大学学报(社会科学版),2008(2).

[164]蒋殿春.中国上市公司资本结构和融资倾向[J].世界经济,2003(7).

[165]孔庆辉.宏观经济波动、周期型行业和资本结构选择[J].北京理工大学 学报(社会科学版),2010(6).

[166]黎精明,田笑丰,高峻.上市公司恶意再融资行为研究——基于对投资 者的问卷调查分析[J].经济管理,2010(6).

[167]黎凯,叶建芳.财政分权下政府干预对债务融资的影响——基于转轨 经济制度背景的实证分析[J].管理世界,2007(8).

[168]李宝仁,张院.我国上市公司资本结构对公司业绩影响的实证分析[J]. 北京工商大学学报(社会科学版),2010(3).

[169]李斌.风险与资本结构分析[J].数量经济技术经济研究,2003(4).

[170]李国重.资本结构定素:多层次动态研究[M].北京:中国人民大学出版 社,2007.

[171]李海舰,郭树民.从经营企业到经营社会——从经营社会的视角经营企业[J].中国工业经济,2008(5).

[172]李锦望,张世强.中国上市公司资本结构与企业价值实证分析——以家电行业为例[J].财经问题研究,2004(2).

[173]李康,杨兴君,杨熊.配股与增发的相关者利益分析和政策研究[J].经济研究,2003(3).

[174]李科,徐龙炳.资本结构、行业竞争与外部治理环境[J].经济研究,2009(6).

[175]李晓钟.政府管制的利弊及放松管制的思考[J].江南大学学报,2002(1).

[176]李勖,汪应洛,孙林岩.组织的环境适应性及生存战略——基于知识供应链的分析[J].南开管理评论,2003(4).

[177]李悦,熊德华,张峥,刘力.公司财务理论与公司财务行为——来自167家中国上市公司的证据[J].管理世界,2007(11).

[178]李悦,熊德华,张峥,刘力.中国上市公司如何选择融资渠道——基于问卷调查的研究[J].金融研究,2008(8).

[179]林凡.中国上市公司融资偏好的理论与实证研究[M].北京:北京大学出版社,2007.

[180]林毅夫,李志赟.政策性负担、道德风险与预算软约束[J].经济研究,2004(12).

[181]林钟高,章铁生.实证分析:上市公司资本结构的影响因素[J].安徽工业大学学报,2002(2).

[182]刘东辉,黄晨.资本结构与企业价值关系的实证研究[J].南方经济,2004(2).

[183]刘端,陈收.上市公司权益与负债双重融资决策实证研究[J].管理科学学报,2009(1).

[184]刘洪,姚立.管理复杂适应组织的策略[J].系统辨证学学报,2004(4).

[185]刘洪,周玲.成长性企业的复杂适应性分析[J].中国软科学,2007(12).

[186]刘洪.组织结构变革的复杂适应系统观[J].南开管理评论,2004(3).

[187]刘天明.上市公司恶意再融资的动机、行为、结果分析及规范建议[J].经济问题探索,2005(12).

[188]刘晓春,欧阳智华.关于我国上市公司再融资问题的探讨[J].北方工业

大学学报,2001(4).

[189]刘志彪,姜付秀,卢二坡.资本结构与产品市场竞争强度[J].经济研究,
2003(7).

[190]陆满平.上市公司增发新股的国际比较与借鉴[J].宏观经济研究,2002
(4).

[191]陆正飞,高强.中国上市公司融资行为研究——基于问卷调查的分析
[J].会计研究,2003(10).

[192]陆正飞,叶康涛.中国上市公司股权融资偏好解析[J].经济研究,2004
(4).

[193]吕鸿江,程明,刘洪.企业复杂适应性影响因素的实证研究:不同环境
特征和战略选择的作用[J].科学学与科学技术管理,2012(5).

[194]吕鸿江,刘洪.转型背景下组织复杂性与组织效能关系研究[J].管理科
学学报,2010(7).

[195]马文超,胡思玥.货币政策、信贷渠道与资本结构[J].会计研究,2012
(11).

[196][美]彼得·德鲁克.组织的管理[M].王伯言,等译.上海:上海财经大
学出版社,2003.

[197][美]丹尼尔·F.斯普博,管制与市场[M].余晖,等译.上海:上海三联
书店、上海人民出版社,2008.

[198][美]弗伦奇,等.组织发展与转型——有效的变革管理[M].阎海峰,等
译.北京:机械工业出版社,2006.

[199][美]迈克尔·波特.竞争战略[M].陈小悦译.北京:华夏出版社,1980.

[200][美]乔治,威尔逊.突破增长的极限:沃尔玛、丰田等顶级企业如何驾
驭商业复杂性[M].郑磊,等译.北京:当代中国出版社,2006.

[201][美]约翰·霍兰德.隐秩序——适应性造就复杂性[M].周晓牧,等译.
上海:上海科技教育出版社,2000.

[202]苗东升.系统科学辩证法[M].济南:山东教育出版社,1998.

[203]闵丹,韩立岩.市场结构、行业周期与资本结构——基于战略公司财务
理论的分析[J].管理世界,2008(2).

[204]闵亮,沈悦.宏观冲击下的资本结构动态调整——基于融资约束的差
异性分析[J].中国工业经济,2011(5).

[205]彭冰,曹里加.证券交易所监管功能研究——从企业组织的视角[J].中国法学,2005(1).

[206]彭程,刘星.负债融资与企业投资决策的互动关系:税收因素视角的实证分析[J].经济科学,2007(4).

[207]沈坤荣,张瑾景.财政分权背景下的区域金融发展及其增长绩效——基于地方政府干预视角的实证研究[C].中国金融国际年会,2008.

[208]宋慧宇.政府监管模式类型化分析及启示[J].行政与法,2012(2).

[209]宋衍蘅.二元股权结构下股权再融资的后果[J].中国会计评论,2005(2).

[210]苏冬蔚,曾海舰.宏观经济因素、企业家信心与公司融资选择[J].金融研究,2011(4).

[211]苏冬蔚,曾海舰.宏观经济因素与公司资本结构变动[J].经济研究,2009(12).

[212]孙晓华,原毅军.企业资本结构优化的系统观与系统方法[J].系统科学学报,2007(7).

[213]孙永祥,黄祖辉.上市公司的股权结构与绩效[J].经济研究,1999(12).

[214]孙铮,李增泉,王景斌.所有权性质、会计信息与债务契约——来自我国上市公司的经验证据[J].管理世界,2006(10).

[215]孙铮,刘凤委,李增泉.市场化程度、政府干预与企业债务期限结构——来自我国上市公司的经验证据[J].经济研究,2005(5).

[216]谭跃进,邓宏钟.复杂适应系统理论及其应用研究[J].系统工程,2001(5).

[217]汤胜,陈伟烽.融资时机选择与资本结构变动——基于中国上市公司的研究[J].南京审计学院学报,2012(1).

[218]唐国正,刘力.公司资本结构理论——回顾与展望[J].管理世界,2006(5).

[219]唐国正,刘力.利率管制对我国上市公司资本结构的影响[J].管理世界,2005(1).

[220]唐松,杨勇,孙铮.金融发展、债务治理与公司价值[J].财经研究,2009(6).

[221]汪辉.上市公司债务融资、公司治理与市场价值[J].经济研究,2003(8).

[222]王晨波等.股票发行审核:证监会的"畸形"权力[J].中国新闻周刊,2004(45).

[223]王凌,王会良,王雅静.R&D融资中的法律规制与政府监管[J].科研管理研究,2008(4).

[224]王毅,吴贵生.基于复杂理论的企业动态核心能力研究[J].管理科学学报,2007(1).

[225]王跃堂,王亮亮,彭洋.产权性质、债务税盾与资本结构[J].经济研究,2010(9).

[226]王正位,王思敏,朱武祥.股票市场融资管制与公司最优资本结构[J].管理世界,2011(2).

[227]王正位,赵冬青,朱武祥.再融资门槛无效吗?[J].管理世界,2006(10).

[228]王正位,赵冬青,朱武祥.资本市场摩擦与资本结构调整[J].金融研究,2007(6).

[229]魏成龙,张洁梅.中国上市公司融资偏好的治理分析[J].中国工业经济,2008(7).

[230]吴江,阮彤.股权分置结构与中国上市公司融资行为[J].金融研究,2004(6).

[231]吴联生.国有股权、税收优惠与公司税负[M].经济研究,2009(10).

[232]吴水亭.发行管制下政治关系对民企再融资时机的影响及效应研究[D].西南交通大学,2010.

[233]吴彤.复杂性、科学与后现代思潮[J].内蒙古大学学报(人文社会科学版),2003(4).

[234]吴溪.盈利指标监管与制度化的影响:以中国证券市场ST公司申请摘帽制度为例[J].中国会计与财务研究,2006(4).

[235]吴晓求,应展宇.激励机制与资本结构:理论与中国实证[J].管理世界,2003(6).

[236]夏立军,方轶强.政府控制、治理环境与公司价值——来自中国证券市场的经验证据[J].经济研究,2005(5).

[237]肖泽忠,邹宏.中国上市公司资本结构的影响因素和股权融资偏好[J].经济研究,2008(6).

[238]肖智星,陈春花.系统科学与组织变革研究[J].系统辨证学学报,2002(10).

[239]肖作平.股权结构、资本结构与公司价值的实证研究[J].证券市场导报,2003(1).

[240]邢维全,张婧.会计准则国际协调的复杂性与涌现——基于复杂适应系统(CAS)理论的分析框架[J].系统科学学报,2013(1).

[241]徐莉萍,等.股权集中度和股权制衡及其对公司经营绩效的影响[J].经济研究,2006(1).

[242]徐向艺,等.公司治理视角下融资结构与公司绩效管理型研究[M].北京:经济科学出版社,2011.

[243]许萍,刘洪.复杂适应系统观的组织交革——提升企业环境适应力的途径[J].复杂系统与复杂性科学,2007(2).

[244]闫华红,李晓芹.企业价值与负债结构的关系研究[J].会计之友,2009(12).

[245]晏艳阳,陈共荣.我国上市公司的资本结构与代理成本问题分析[J].会计研究,2001(9).

[246]姚利辉,曹立新,刘桂.我国上市公司融资偏好探析[J].湖南科技大学学报(社会科学版),2010(6).

[247][英]卢斯·班德,凯斯·沃德.公司财务战略[M].干胜道,等译.北京:人民邮电出版社,2003.

[248][英]詹姆斯·爱德华·米德.明智的激进派经济政策指南:混合经济[M].欧晓理,等译.上海:上海三联书店,1989.

[249]于绪刚.交易所非互助化及其对自律的影响[M].北京:北京大学出版社,2001.

[250]张慧,张茂德.债务结构、企业绩效与上市公司治理问题的实证研究[J].改革,2003(5).

[251]张鹏.基于分工理论的融资结构及其国际比较检验[J].广东金融学院学报,2009(5).

[252]张涛,孙林岩,孙海虹,李刚.供应链的系统运作模式分析与建模——基于复杂自适应系统范式的研究[J].系统工程理论与实践,2003(11).

[253]张祥建,徐晋.股权再融资与大股东控制的"隧道效应"——对上市公

司股权再融资偏好的再解释［J］.管理世界,2005(11).

[254]张自力.政府管制特征下中印企业债券市场比较研究[J].南亚研究季刊,2012(3).

[255]张宗新,伊力亚斯·加拉力丁.融资结构与公司治理结构:基于契约理论的研究[J].经济理论与经济管理,2003(3).

[256]章铁生,徐德信,余浩.证券发行管制下的地方"护租"与上市公司财务困境风险化解[J].会计研究,2012(8).

[257]章卫东,王乔.论我国上市公司大股东控制下的股权再融资问题[J].会计研究,2003(11).

[258]赵冬青,朱武祥,王正位.宏观调控与房地产上市公司资本结构调整[J].金融研究,2008(10).

[259]赵文哲.财政分权与前沿技术进步、技术效率关系研究[J].管理世界,2008(7).

[260]郑红霞,韩梅芳.基于不同股权结构的上市公司税收筹划行为研究——来自中国国有上市公司和民营上市公司的经验证据[J].中国软科学,2008(9).

[261]郑志刚.法律外制度的公司治理角色——一个文献的综述[J].管理世界,2007(9).

[262]周立.改革期间中国金融业的"第二财政"与金融分割[J].世界经济,2003(6).

[263]朱爱平,吴育华.试论复杂适应系统与企业管理研究的创新发展[J].科学管理研究,2003(4).

[264]朱武祥.企业融资行为与资本结构研究的新发展及启示[J].证券市场导报,2002(8).

[265]朱武祥,魏炜.从资本结构到交易结构——探究企业金融微观结构[J].金融研究,2012(4).

[266]朱武祥.行为公司金融:理论研究发展及实践意义[J].证券市场导报,2003(6).

[267]祝继高,陆正飞.产权性质、股权再融资与资源配置效率[J].金融研究,2011(1).

索　引

179

后　记

　　本书是我承担的浙江省哲学社会科学重点研究基地一般项目（省规划）"复杂性科学视角下的融资结构价值创造机制与监管"（编号：11JDGZ02YB）的结题成果。

　　在课题研究过程中，我的研究生姚玉良为本书的实证分析做了大量基础性工作。

　　本书的出版得到了浙江财经大学中国政府管制研究院和浙江省政府管制与公共政策研究中心的资助，研究院丰富的图书与数据资料、良好的学术氛围以及各种学术活动为本书的写作提供了重要支撑。

　　本书的出版得到浙江大学出版社编辑葛娟的大力支持，她为本书的出版付出了大量心血，在此深表敬意。

　　基于复杂性科学视角研究探讨融资结构、公司价值及监管的演化关系在当前是一个全新的课题，虽然我力求有所创新，但囿于学识、时间及视野所限，书中一定会有很多不足甚至差错，敬请各位专家学者和同行批评指正。

杨忠智

2014 年 3 月